Autor _ Hume
Título _ Investigação sobre o entendimento humano

Copyright	_ Hedra 2011
Tradução®	_ Alexandre Amaral Rodrigues
Edição consultada	_ *The Philosophical Works of David Hume* (org. Adam Black e William Tait), Edimburgo, 1826; reprod. Liberty Fund, Indianapolis, 1985.
Título original	_ Enquire concerning human understanding, 1748
Agradecimento	_ Márcio Suzuki, Maria Isabel de M. P. Limongi, Pedro Paulo G. Pimenta e Bruno da C. Simões, Priscilla C. dos Santos
Corpo editorial	_ Adriano Scatolin, Alexandre B. de Souza, Bruno Costa, Caio Gagliardi, Fábio Mantegari, Iuri Pereira, Jorge Sallum, Oliver Tolle, Ricardo Musse, Ricardo Valle
Dados	_

Dados Internacionais de Catalogação na Publicação

H897 Hume (1711–1776)

Investigação sobre o entendimento humanos /Hume. Organização e tradução de Alexandr Amaral Rodrigues. – São Paulo: Hedra, 2009 222 p.

ISBN 978-85-7715-141-7

1. Filosofia. 2. Ideias. 3. Empirismo. 4. Ceticismo.
I. Título. II. Hume, David (1711–1776)
III. Rodrigues, Alexandre Amaral, Organizador.
IV. Rodrigues, Alexandre Amaral, Tradutor.

CDU 101
CDD 100

Elaborado por Wanda Lucia Schmidt CRB-8-1922

Direitos reservados em língua portuguesa somente para o Brasil

EDITORA HEDRA LTDA.

Endereço	_ R. Fradique Coutinho, 1139 (subsolo) 05416-011 São Paulo SP Brasil
Telefone/Fax	_ +55 11 3097 8304
E-mail	_ editora@hedra.com.br
Site	_ www.hedra.com.br

Foi feito o depósito legal.

Autor	Hume
Título	Investigação sobre o entendimento humano
Organização e tradução	Alexandre Amaral Rodrigues
São Paulo	2011

David Hume (Edimburgo, 1711–1776) foi um dos mais eminentes filósofos escoceses do século XVIII, desfrutando de fama comparável apenas à de Adam Smith. De família tradicional de juristas, estava destinado a seguir a mesma carreira. Antes de concluir a universidade, no entanto, decide prosseguir nos estudos em filosofia e letras clássicas por conta própria. Aos 21 anos, em La Flèche, na França, inicia sua primeira obra filosófica, o *Tratado da natureza humana*, publicado entre 1739 e 1740, com o autor já em Londres. Embora hoje muitos o considerem seu principal feito filosófico, o *Tratado* não alcançou grande sucesso à época. Isso foi determinante para a mudança de estilo do autor, que passa a escrever de maneira simples e elegante. É curioso que em seu próprio século Hume tenha desfrutado de maior fama como historiador do que como filósofo. Sua *História da Inglaterra*, publicada em seis volumes, foi obra de referência até fins do século seguinte. No entanto, atualmente sua celebridade se mantém em virtude dos escritos filosóficos: os *Ensaios morais, políticos e literários*, os *Diálogos sobre a religião natural*, a *Investigação sobre os princípios da moral*, e principalmente o *Tratado da natureza humana* e a *Investigação sobre o entendimento humano*. Neles, o autor coloca em cheque a filosofia racionalista até então predominante, de matiz cartesiano, ao afirmar que a inferência causal se funda no hábito, não numa operação da razão. Isso fez com que Hume fosse considerado ímpio e ateísta, pois uma das consequências dessa doutrina é a impossibilidade de provar a existência de Deus, que somente pode ser objeto de fé.

Investigação sobre o entendimento humano (*Enquire concerning human understanding*, 1748) foi o resultado do esforço de Hume de revisar sua primeira obra filosófica. Seu conteúdo corresponde resumidamente ao livro primeiro do *Tratado da natureza humana*, porém aqui o autor busca conciliar a temática complexa e profunda com a escrita elegante e atraente. Nesta investigação se encontra sua célebre crítica da causalidade, segundo a qual a relação de causa e efeito consiste na conjunção constante de dois objetos, e na inferência costumeira de um deles, dado o outro. Essa tese vai de encontro à filosofia racionalista de origem cartesiana, pois, de acordo esta, o conhecimento certo é aquele cujo contrário não pode ser concebido clara e distintamente. Já a doutrina humiana da causalidade tem como consequência que a concepção do contrário de um fato nunca implica contradição. Não é possível, portanto, demonstrar nada que seja relativo a questões de fato. Por conseguinte, não há mais conhecimento certo sobre fatos, mas apenas conhecimento provável.

Alexandre Amaral Rodrigues é graduado em ciências econômicas pela Faculdade de Economia, Administração e Contabilidade, e mestre em filosofia pela Faculdade de Filosofia, Letras e Ciências Humanas, ambas da Universidade de São Paulo. É tradutor de obras e textos de Adam Smith e outros autores britânicos do período da Ilustração.

SUMÁRIO

Introdução, por Alexandre Amaral Rodrigues — 9

INVESTIGAÇÃO SOBRE O ENTENDIMENTO HUMANO — 37

1. Das diferentes espécies de filosofia — 41
2. Da origem das ideias — 53
3. Da associação de ideias — 59
4. Dúvidas céticas sobre as operações do entendimento — 71
5. Solução cética dessas dúvidas — 87
6. Da probabilidade — 103
7. Da ideia de conexão necessária — 107
8. Da liberdade e da necessidade — 127
9. Da razão dos animais — 151
10. Dos milagres — 157
11. De uma providência particular e de um estado futuro — 183
12. Da filosofia acadêmica ou cética — 201

INTRODUÇÃO

DAVID HUME nasceu em Edimburgo, Escócia, em 1711. Seu pai possuía uma pequena propriedade, que recebeu o nome de Ninewells, na aldeia de Chirnside, próxima a Berwick. Sua mãe, Katherine Falconer Home, era de família influente, filha de Sir David Falconer, presidente do Tribunal de Justiça da Escócia. Ainda na infância, Hume torna-se órfão de pai. A propriedade da família, entretanto, assegura a Katherine, David, seu irmão mais velho e sua irmã caçula, uma vida bem suprida, ainda que sem luxos. Inicialmente, sua educação foi presbiteriana, denominação da qual foi seguidor até a adolescência. Durante esse período, foi particularmente influenciado pela obra devocional *Todo dever do homem*, muito popular entre os religiosos calvinistas.

Aos onze anos, Hume ingressa junto com seu irmão mais velho, na universidade de Edimburgo — a mãe notara nele alguma precocidade —, onde realiza os primeiros estudos em humanidades, nos quais alcança distinção. Aos quinze, conclui o ciclo básico universitário, momento em que deveria optar por uma especialização. Pela tradição familiar, estava destinado à carreira jurídica. No entanto, o jovem Hume manifesta intenção diversa: retorna a Ninewells, onde se dedica à leitura de filosofia e letras clássicas, como autodidata. Nesse período afasta-se do calvinismo, e *Todo dever do homem* é substituído por *Sobre os Deveres*, de Cícero, quando decide se tornar professor universitário e filósofo.

Aos dezoito anos de idade, Hume acredita ter desenvolvido um pensamento original. Talvez pelo rigor e intensidade dos estudos que realizou ao longo desses anos, o jovem filósofo passa por uma crise de melancolia e hipocondria — ao menos é esse seu autodiagnóstico, razão pela qual busca mudar de ares, e

INTRODUÇÃO

emprega-se como funcionário de uma companhia mercante, importadora de açúcar. Essa atividade não lhe dá grande gosto, mas é suficiente para restabelecer-lhe a saúde. Transfere-se, então, para Anjou, na França, e fixa residência em La Flèche, a pequena aldeia de tradição intelectual jesuítica onde um século antes Descartes estudara. Ali, aplica-se à leitura de autores franceses, como Malebranche, Dubos e Bayle, dos quais este último, particularmente, causa-lhe forte impressão. Também encontra o ambiente que desejava para dedicar-se ao próprio pensamento filosófico, e, aos 21 anos, principia a redação do *Tratado da natureza humana*, hoje considerado por muitos sua mais importante obra.

Em 1737, retorna a Londres e cuida da publicação do *Tratado*, cujos dois primeiros livros são publicados em 1739, e o terceiro, em 1740, juntamente com um *Resumo*, de autoria anônima, dos volumes anteriores — escrito, segundo a opinião consensual dos estudiosos, pelo próprio Hume. A edição, porém, não alcança a vendagem e a popularidade que o autor esperava, mas é capaz de atrair-lhe a fama de cético e ateísta que mais tarde arruinaria seus projetos acadêmicos, e faria com que, em 1761, suas obras fossem incluídas no *Index*, a lista de livros proibidos pela igreja católica.

Decidido a escrever de modo mais simples e elegante, para um público mais amplo, Hume imprime, entre 1741 e 1742, os *Ensaios morais, políticos e filosóficos*, que alcançam algum sucesso. Em 1745, tenta pela primeira vez ingressar na carreira acadêmica, e candidata-se à cátedra de Ética e Pneumologia (estudo das faculdades mentais) da universidade de Edimburgo. Sua fama, porém, o impede de obter o cargo, mas em 1751 faz outra tentativa, desta vez para a cátedra de Lógica, na universidade de Glasgow. E sem conseguir vencer a oposição dos zelotes (fanáticos religiosos), abandona o projeto de ser professor universitário.

***

Após um breve período, entre 1746 e 1747, como tutor do Marquês de Annandalle – situação muito desconfortável, pois logo descobriu que o jovem nobre tinha sérios comprometimentos mentais e era roubado pelo administrador de seus bens – o filósofo torna-se secretário do primo materno, General Saint-Clair, e o acompanha numa expedição militar a Quebec. A ofensiva, entretanto, é malograda. Em 1748, acompanha, como marechal de campo, Saint-Clair numa embaixada a Viena e Turim, quando publica então seus *Ensaios filosóficos sobre o entendimento humano*, mais tarde renomeados *Investigação sobre o entendimento humano*.

De volta a Ninewells, Hume reescreve o livro terceiro de seu *Tratado*, cuja nova versão aparece em 1751, com o título de *Investigação sobre os princípios da moral*. No ano seguinte, publica os *Discursos políticos*, e escreve o primeiro esboço dos *Diálogos sobre a religião natural*.

Frustrada a segunda tentativa de ocupar uma cátedra universitária, o autor aceita exercer o cargo de Conservador da Biblioteca da Congregação dos Advogados de Edimburgo. No exercício dessa função, encontra tempo e recursos para escrever sua *História da Inglaterra*, obra em seis volumes, editada entre 1754 e 1762. Antes de concluí-la, porém, em 1757, Hume demite-se do cargo, ao ser acusado de introduzir "livros ímpios" no acervo da instituição. Felizmente, ele já reunira o material necessário para os dois últimos volumes, que surgem em 1759 e 1762. Vale a pena notar que essa obra granjeou-lhe em vida reputação e independência financeira. De fato, em seu tempo Hume foi mais conhecido como historiador do que como filósofo, e essa sua obra continuou a ser referência até fins do século XIX.

No mesmo período, Hume entrega a seu editor, Andrew Millar, a *Dissertação sobre as paixões*, correspondente ao livro III do *Tratado*, e com isso, conclui a revisão de seu trabalho juvenil. Além disso, apresenta a *História natural da religião*, bem como os ensaios "Do suicídio" e "Da imortalidade da alma", que seriam publicados conjuntamente num volume intitulado *Quatro dissertações*. Os ensaios, no entanto, alcançam parte do público antes de sua edição, e o teólogo William Warburton ameaça processar Millar caso se publiquem os dois últimos deles. Diante disso, Hume os retira da obra, e os substitui pelos belos e seminais "Da tragédia" e "Do padrão do gosto".

Em 1763 iniciam-se os anos mais importantes da carreira do filósofo, quando é convidado a servir como secretário de lorde Hetford, embaixador britânico na França, país no qual encontra recepção inesperada. Suas obras são conhecidas de toda a chamada "república das letras": cientistas, escritores, filósofos e frequentadores dos salões de Paris. Hume torna-se especialmente amigo de D'Alembert, Diderot e d'Holbach, mas sua companhia também é disputada pelas anfitriãs, dentre as quais, e particularmente, a Condessa de Boufflers, com quem estabeleceria uma longa e apaixonada correspondência após retornar à Grã-Bretanha.

Jean-Jacques Rousseau, que fugia à perseguição na Suíça, o acompanhou na viagem de volta, em 1766. Ambos haviam mantido uma enlevada correspondência amistosa, mas a amizade não resistiria ao convívio. Vítima de delírio persecutório, Rousseau acredita que o exílio na Inglaterra é parte de uma conspiração, orquestrada por Hume, para abalar sua imagem na Europa. Em resposta a essas acusações, o autor publica a correspondência entre eles, juntamente com um *Relato conciso e genuíno das relações entre os senhores Hume e Rousseau*, em que chama a este de "o mais sombrio e horroroso vilão que existe no mundo".

Em 1769, Hume retorna a Edimburgo, onde mandara construir uma confortável residência no bairro de New Town, onde passa os últimos anos de sua vida de modo tranquilo e agradável, no convívio com os amigos, dedicando-se também à revisão final de seus escritos — exceto o *Tratado*, pelo motivo que se verá adiante. Morre em 25 de agosto de 1776. No ano seguinte, publica-se a autobiografia *Vida de David Hume, Esq. escrita por ele mesmo*, juntamente com uma carta de seu amigo Adam Smith, em que o filósofo é descrito como alguém que chegou "tão perto da ideia do perfeito sábio e homem virtuoso quanto o permite a fragilidade da natureza humana".

Três anos após sua morte, vêm a público os *Diálogos sobre a religião natural*, obra até hoje considerada das mais importantes e belas do gênero dialógico.

A INVESTIGAÇÃO ENTRE A FILOSOFIA FÁCIL E A ABSTRUSA

Quando a *Investigação sobre o entendimento humano* surgiu, em 1748, havia quase dez anos que a primeira parte do *Tratado da natureza humana* fora publicada. Não há na *Investigação* créscimo significativo à doutrina do entendimento exposta no *Tratado*, com exceção de duas seções, "Dos milagres" e "De uma providência particular e de um estado futuro", os quais, além de suprir informações importantes sobre a relação entre crença e testemunho, no século da Ilustração eram de interesse para os debates sobre fé e religiosidade. No que diz respeito às teses sobre o entendimento, porém, a *Investigação* se caracteriza antes pela supressão de temas do que pela novidade. Como, então, considerá-la?

Atentemos, antes de tudo, para a opinião do próprio autor. Na "Advertência" da *Investigação*, Hume é categórico: esses escritos deveriam ser considerados "os únicos a conter seus sentimentos e princípios filosóficos". Uma afirmação forte, visto tratar-se de obra cujo conteúdo é resumido. Houve quem julgasse que David Hume já estivesse demasiadamente distante da filosofia, uma vez que essa advertência só foi acrescentada à última das edições autorais, em 1776. No entanto, a atitude de Hume sempre fora condizente com essa opinião, e de fato ele jamais se empenhara em reeditar sua primeira obra. As poucas emendas autorais de que dispomos provêm de uma errata, que acompanhava a primeira impressão, e anotações feitas à margem de dois volumes presenteados a amigos.[1] Nem tampouco há referência direta ao *Tratado* em outros de seus escritos. Ele efetivamente desprezou seu rebento mais velho. A que se deveria isso?

[1] Cf. Selby-Bigge, *Editor's Introduction*.

INTRODUÇÃO

É sabido que Hume teve grande desgosto com essa obra. Havia nutrido expectativas quanto à sua vendagem e fortuna crítica, mas os leitores foram relativamente poucos, e os comentários, escassos. Na avaliação do autor, um tanto exagerada, o livro "nasceu morto do prelo, sem alcançar a distinção de provocar sequer um murmúrio entre os zelotes".[2] A decepção, portanto, deve tê-lo influenciado no julgamento da obra. Contudo, outros motivos, de ordem menos sentimental, parecem estar associados à questão.

Na mesma advertência, lê-se que o *Tratado* continha alguns "descuidos" de raciocínio, mas especialmente de expressão. Quanto ao raciocínio, não sabemos a que problemas o autor se refere, sobretudo por não haver na *Investigação* nada que contradiga o *Tratado*. Desse modo, fossem quais fossem os problemas que Hume detectara, eles só poderiam residir naquilo que se suprimiu, e jamais saberemos com certeza em que consistiam.

Quanto à expressão, a diferença é significativa, a começar pelo gênero escolhido. De maneira geral, obras do gênero *tratado* visam exaurir a matéria que versam; seu modo é o da impessoalidade. Nesse sentido, aliás, Hume recebeu críticas de seus contemporâneos, pois em algumas passagens do *Tratado* manifestava sentimentos fortes e pessoais. Já a *Investigação* se insere no gênero *ensaio* — em sua primeira publicação, seu título era *Ensaios filosóficos acerca do entendimento humano* — que, em regra, não pretende ser exaustivo e pressupõe uma escrita mais livre e pessoal.

Ora, não foi à toa que se dedicou a primeira seção da obra a uma reflexão acerca de duas diferentes espécies de filosofia, às quais correspondem diferentes maneiras de tratar a filosofia moral. A primeira é a "filosofia fácil", que agrada enquanto instrui, e, com o uso da "poesia e da eloquência", sensibiliza nossa imaginação e afetos, e nos faz "*sentir* a diferença entre vício e virtude". A outra é a "filosofia abstrusa", que, mediante raciocínios complexos e sutis, busca encontrar os *fundamentos*

[2] David Hume. *My own life*.

das principais distinções filosóficas. A primeira agrada à maioria dos homens; a última, aos eruditos. O *Tratado da natureza humana* inscreve-se muito bem na espécie abstrusa. Como classificar a *Investigação*?

Sem dúvida a filosofia fácil merece os maiores elogios de Hume. Ela não se embrenha pelos labirintos da metafísica, não se deixa enganar por raciocínios sutis e quiméricos, pois se orienta pelo senso comum.[3] Já a filosofia abstrusa é o abrigo da superstição e da insensatez, que ali se resguardam do raciocínio justo, protegidas por "sarças" conceituais. São justamente essas ficções da metafísica que Hume quer destruir. Desse ponto de vista, a balança pesaria muito mais para a filosofia fácil, o que se confirmaria pelo fato de, antes da *Investigação*, o autor ter editado os *Ensaios morais, políticos e filosóficos*, um conjunto de textos breves, de escrita elegante, e voltados para temas mais familiares ao público letrado em geral.

Será, então, que com a *Investigação* Hume pretendeu abandonar a filosofia "rigorosa e abstrusa"? Certamente sua redação é de elegância rara, com passagens que poderiam visar à instrução e melhoramento da conduta dos homens na vida prática, como, por exemplo, no caso das seções "Dos Milagres" e "De uma providência particular...", eloquentes contestações às religiões, à relação entre religião e política, bem como à sua interferência na filosofia. Temas desse gênero, contudo, estão longe de ser os únicos abordados na obra. Afinal, que quer a filosofia fácil com a origem das ideias (Capítulo II), ou, pior ainda, com a ideia de conexão necessária (Capítulo VII)? Não, a *Investigação* definitivamente não é um livro de filosofia fácil. Qual será seu estatuto?

Na seção em questão, há uma bela passagem em que o autor pondera que "se a generalidade dos homens se contentasse em preferir a filosofia fácil à abstrata e profunda, sem censu-

---

[3] É preciso notar que aqui a expressão "senso comum" não corresponde ao sentido que geralmente lhe atribuímos hoje, de opiniões consensuais, porém irrefletidas; sua acepção é de um conjunto de opiniões que são tão sensatas que qualquer pessoa razoável concordará com elas.

INTRODUÇÃO

rar ou desprezar esta última, talvez não fosse impróprio convir nessa opinião geral e deixar que cada qual desfrutasse sem oposição seu próprio gosto e sentimento" (1, 7).[4] Como, porém, os homens não se contentam com isso, e chegam a rejeitar completa e ostensivamente todo raciocínio profundo, é preciso examinar o que se pode alegar em seu favor.

A defesa que Hume empreende comporta, resumidamente, cinco pontos principais. Primeiro, a filosofia rigorosa e abstrata é útil para a filosofia fácil e humana, pois sem aquela esta não pode alcançar um grau suficiente de exatidão em seus princípios, sentimentos e preceitos. Em segundo lugar, o espírito filosófico carrega consigo um gosto pelo rigor que, quando bem cultivado, se difunde por toda a sociedade, em todas as áreas da atuação e da reflexão humanas, inclusive as mais práticas. Em terceiro lugar, mesmo que não houvesse vantagens práticas no cultivo dos estudos rigorosos, eles são, para os que os apreciam, um prazer sadio, o que é razão suficiente para estimá-los. Em quarto lugar, se há o risco da filosofia abstrusa dar guarida à superstição e o obscurantismo, isso não é razão para repudiá-la, pois sempre haverá homens com inclinação para esses estudos, e portanto é preferível enfrentar as quimeras a deixá-las dominar completamente o terreno. Em quinto lugar, a investigação aprofundada dos poderes e faculdades inerentes à natureza humana, conquanto seja árdua, pode, quando realizada de modo criterioso, trazer um conhecimento acerca desses objetos, e constituir-se num modo de ciência.

Temos, portanto, razões para defender tanto a filosofia fácil como a abstrusa. A que conclusão chegar? Em um de seus ensaios anteriores, Hume tratara de uma bipolaridade análoga a essa, entre a simplicidade e o refinamento excessivo na escrita.[5] Nele o autor defende que a escrita elegante deve ser simples e

---

[4] As citações da *Investigação sobre o entendimento humano* serão referidas imediatamente após o trecho citado, entre parênteses, com a numeração da seção e do parágrafo em que se encontram, respectivamente, em algarismos romanos e arábicos. Caso a seção tenha subdivisões, a numeração indicará a seção, a parte e o parágrafo, nessa ordem.

[5] "Of simplicity and refinement in writing".

clara, sem, contudo, ser banal. Ora, é de ordem semelhante o projeto que se propõe no final da seção considerada: conciliar simplicidade e complexidade, verdade e novidade. Tal é o desafio da célebre exortação: "Felizes de nós se lograrmos unir as fronteiras das diferentes espécies de filosofia pela reconciliação da investigação profunda com a clareza, e da verdade com a novidade!".

Seu propósito continua a ser, contudo, aquele que tentara alcançar através da filosofia intricada do *Tratado*: minar os fundamentos de "certa filosofia abstrusa" que até então servira apenas de refúgio para os preconceitos e superstições. A matéria é profunda e complexa; as maneiras, porém, claras e simples. Em um de seus ensaios publicados postumamente,[6] Hume fala da divisão dos homens cultos em duas espécies opostas, os eruditos, afeitos aos estudos profundos e solitários, e os homens de conversação, mais afeitos às questões práticas da vida em sociedade e à observação dos defeitos e perfeições de tudo que os cerca. Ali o autor argumenta que o ensaio seria o gênero de escrita que conciliaria os aspectos mais próprios a uma e outra espécie de homens, conciliação esta que seria desejável que se fizesse também nas próprias pessoas: que o erudito se temperasse pelas maneiras e o gosto da conversação em sociedade, e o homem de sociedade, pela profundidade e rigor dos estudos laboriosos. Eis o ideal do homem mundano, tão caro ao século XVIII europeu, o período das Luzes. A *Investigação do entendimento humano* pretende realizar, na parte que lhe cabe, essa conciliação.

EMPIRISMO E CETICISMO

A investigação sobre o entendimento principia conforme a prescrição lockiana, isto é, pelo estudo da origem das ideias, e quanto a isso não difere significativamente. Pouco a pouco, porém, o filósofo distancia-se de Locke e chega a conclusões

---

[6] "Of essay-writing".

mais radicais. Nisso consiste parte importante de sua originalidade. Se Locke era acusado de cético por causa do empirismo professado no *Ensaio acerca do entendimento humano*, Hume agora assumirá o ceticismo, não em seu modo "extravagante", como se verá, mas sim "moderado" ou "mitigado".

Segundo o autor, tudo que percebemos em nossas mentes classifica-se em duas diferentes espécies: *impressões* e *ideias*. As impressões têm origem nos sentidos — externos (os cinco sentidos), ou interno (aquele pelo qual percebemos nossos sentimentos, emoções e paixões) —, ao passo que as ideias são cópias das impressões e pertencem à memória ou à imaginação. O que as diferencia, porém, não é nenhuma evidência racional. O único critério de distinção é seu *grau de força ou vivacidade*. As impressões nos afetam com maior vivacidade, enquanto as ideias, por serem meras cópias das impressões, são mais fracas. Assim, a experiência do calor do fogo nos afeta mais fortemente do que a lembrança ou a imaginação dessa experiência. Do mesmo modo, a paixão amorosa nos afeta mais fortemente do que sua concepção ou recordação.

A imaginação, porém, pode dar origem a novas ideias, por meio de sua faculdade de *compor*, *transpor*, *aumentar* ou *diminuir* as ideias copiadas das impressões. Podemos, dessa maneira, unir ideias que normalmente experimentamos separadamente, como quando concebemos um centauro, com cabeça, torso e braços de homem, garupa e pernas de cavalo, ou separar as que experimentamos unidas, como na ideia de um homem vivo sem cabeça. Somos capazes de transpor, por exemplo, a ideia de virtuosidade para um carro e conceber um carro virtuoso. É possível, ademais, por meio de nossa faculdade de aumentar ou diminuir as ideias, imaginar um gorila do tamanho de um prédio, ou um homem do tamanho de um polegar.

As ideias se associam ou conectam na mente, e se introduzem umas às outras, segundo três princípios: *semelhança*, *contiguidade* (no tempo e no espaço) e *causa e efeito*. Os olhos escuros de uma pessoa nos fazem pensar em outra, cujos olhos também são escuros (semelhança). O encontro com um ex-

-colega de turma escolar nos traz a lembrança de outros que conhecemos na mesma época (contiguidade no tempo), assim como a visita a uma antiga residência nos recorda eventos ocorridos ali (contiguidade no espaço). A visão do fogo nos faz pensar no calor, e a do calor, no fogo (causa e efeito).

A partir desses elementos, Hume conclui que todos os objetos da razão ou da investigação se dividem em dois gêneros: *relações de ideias* ou *questões de fato*. As relações de ideias podem desdobrar-se em outras ideias, e pode-se *demonstrar* a verdade ou falsidade desses desdobramentos, pois seu contrário não é possível, isto é, não se pode concebê-lo com clareza e distinção. Demonstra-se, por exemplo, que a soma dos ângulos internos de um triângulo é igual a 180°, e isso é conhecimento certo, já que não se concebe um triângulo cuja soma dos ângulos internos resulte em algo diferente. Essa espécie de conhecimento constitui as ciências demonstrativas, que lidam exclusivamente com relações de ideias, e se resumem às matemáticas e à geometria.

O conteúdo de todos os demais conhecimentos consiste em *questões de fato*. Estas são os objetos das ciências naturais, e não é possível *demonstrar* sua verdade ou falsidade, pois de um fato sempre se pode conceber o seu contrário, sem que isso implique contradição alguma. É possível imaginar, por exemplo, um bloco de gelo que, submetido ao calor, não derreta. Essa concepção é tão clara e distinta quanto a de um bloco que, sob o calor, derreta. Portanto, todo conhecimento dessa espécie provém da experiência. No entanto, fazemos inferências acerca de questões de fato, isto é, ao observar certos acontecimentos e circunstâncias, somos capazes de prever o que ocorrerá. Mas se não é possível deduzir conclusões sobre questões de fato a partir de princípios gerais, visto que o contrário de qualquer fato jamais implica contradição, qual seria o fundamento dessas inferências, ou, em outras palavras, qual o fundamento das ciências naturais, e, de modo geral, de todas as nossas inferências factuais?

INTRODUÇÃO

O HÁBITO E A CAUSALIDADE

Até Hume, as metafísicas racionalistas concebiam a causalidade como uma conexão necessária entre a causa e seu efeito. O conhecimento da causa permitiria deduzir o efeito *a priori*, de modo demonstrativo e certo, como nas matemáticas. Tal é a concepção cartesiana de causalidade. No entanto, vimos que para Hume não é possível deduzir fatos *a priori*, nem demonstrar sua verdade ou falsidade, pois o contrário de um fato não implica contradição alguma. Consequentemente, não há *conexão necessária* entre causas e efeitos, se "necessário" for aquilo cujo contrário é contraditório. De uma dada causa sempre pode resultar, sem contradição, o efeito contrário. Mas, se não podemos deduzir um efeito a partir do conhecimento que temos da causa, e, ainda assim, fazemos inferências relativamente a questões de fato, permanece a questão: como fazemos essas inferências, e que segurança podemos ter delas?

Para o autor, os raciocínios acerca de questões de fato se fundam no princípio *associativo* de causa e efeito. Diante de um objeto, nosso pensamento é levado, por "uma transição fácil", a conceber aquele que normalmente o sucede, e chamar a um de causa, e ao outro, de efeito. Essa transição se baseia no hábito. É a experiência habitual da conjunção de causas semelhantes com efeitos semelhantes que nos leva a, diante de um deles, inferir o outro. Não temos ideia alguma de *conexão necessária* que não consista meramente na *conjunção habitual* entre dois objetos, pois não há nenhuma ideia que corresponda à impressão de um *poder* na causa que gere o efeito. E nisso consiste a originalidade do empirismo humiano, pois, desse modo, a causalidade apoia-se numa relação de anterioridade e posterioridade, e seu princípio fundamental é o *hábito*, ou a experiência habitual dessa sucessão de objetos. Com isso, Hume derruba a ideia cartesiana de ciência. Não há ciência de questões de fato, se por ciência entendermos conhecimento certo. Essa espécie de conhecimento pertence apenas às ciências demonstrativas, isto é, às matemáticas e à geometria.

Mas, se é assim, o que nos assegura das inferências que fazemos acerca de questões de fato? Segundo o autor, a segurança que temos decorre da *crença*. Depois de repetidas experiências de efeitos semelhantes como resultado de causas semelhantes, acreditamos que, nas mesmas circunstâncias, sempre ocorrerá o mesmo. Temos convicção disso. A convicção, porém, comporta graus, e não depende de ocorrências absolutamente regulares. Os diferentes graus de convicção correspondem aos diferentes graus de probabilidade de ocorrência de um efeito, dada uma causa. Os graus de probabilidade atribuídos a determinado fenômeno são o resultado de uma espécie de ponderação entre as ocorrências que corresponderam às expectativas e as contrárias. Assim, temos certeza de que, se encostarmos a mão ao fogo, ela se queimará. Atribuímos a esse fenômeno a máxima probabilidade, pois nunca experimentamos a ocorrência de seu contrário. Esperamos, também, que faça frio no mês de julho, porém não com a mesma convicção que temos de que o fogo queimará a pele. Nesse caso, nossa crença na ocorrência do evento é mais fraca, pois experimentamos algumas vezes a ocorrência de seu contrário.

Eis, pois, a natureza de nossos conhecimentos acerca de questões de fato: conhecimento provável, baseado na experiência da conjunção constante entre dois objetos, a qual, em virtude do hábito, nos leva a fazer inferências causais, tais que, na presença de um daqueles objetos, espontaneamente concebemos o outro, e os chamamos de causa e efeito. Não há, portanto, algo como ciência natural, se por ciência entendermos *conhecimento certo*.

LIBERDADE E NECESSIDADE

Seria equivocado, contudo, julgar que Hume pretende jogar as ciências por terra. A análise da liberdade e da necessidade relativamente a nossas decisões e ações mostra que a intenção do filósofo seria talvez menos destituir as ciências naturais de seu estatuto de conhecimento rigoroso do que alçar o conhecimento das operações da mente à mesma condição.

INTRODUÇÃO

Sabemos que a doutrina da liberdade ou contingência de nossas ações, decisões e pensamentos é de grande importância na filosofia, sobretudo na filosofia medieval e moderna. Pois se não pressupomos que o homem tem livre-arbítrio, deparamos com os problemas da responsabilidade e da origem do mal. Se a ação não é voluntária, ou a vontade não é livre, então como responsabilizar o agente por suas ações? Ademais, isso implicaria a culpabilidade de Deus pelo mal, pois se ele a tudo criou com presciência e onipotência, e se os homens estão desde sempre predestinados, então o responsável pelos males que cometem é seu criador.

Em Gottfried Leibniz (1646–1716), esse problema assume a sua formulação mais radical. Para ele, corpo e espírito são substâncias inteiramente distintas, e portanto não há comunicação alguma entre elas. No entanto, corpo e espírito correspondem-se mutuamente. Para explicar essa correspondência, Leibniz postula, em seu *Discurso de Metafísica* e na *Monadologia*, a doutrina da *harmonia pré-estabelecida*, segundo a qual a ordem do universo resulta da vontade divina, que, desde a eternidade, determinou tudo o que existe, de modo que resultasse no *melhor dos mundos possíveis*. Como consequência, corpo e espírito se correspondem porque Deus determinou um e outro, desde o princípio, de modo que coincidissem. Mas se todas as escolhas e ações humanas estão pré-determinadas, não há livre-arbítrio. Leibniz, porém, defende que o homem é dotado de liberdade. Para tanto, propõe uma solução controversa. Tudo o que faremos está desde sempre escrito, porém está escrito que o faremos livremente.

Em Hume, para quem não há separação entre corpo e espírito, o problema receberá uma formulação curiosamente semelhante: as ações voluntárias e as operações da mente são tão determinadas quanto os corpos físicos; ainda assim, nossas ações são livres. Contudo, à parte essa semelhança mais geral, veremos que a solução humiana é bem diferente: ele postulará que liberdade e necessidade não se opõem, mas, ao contrário, referem-se a coisas distintas, e portanto não podem ser contraditórias.

Para o autor, a ideia de causalidade ou de conexão necessária advém unicamente da *conjunção constante* entre dois objetos e da *inferência* de um deles conforme o aparecimento do outro, inferência esta que a mente é determinada a fazer pelo hábito ou costume. Portanto, se essas duas condições se verificam nas ações voluntárias, sustenta o autor, pode-se afirmar com segurança que estas são determinadas por uma necessidade da mesma ordem que a dos corpos físicos.

Quanto à primeira condição, argumenta Hume que geralmente motivos semelhantes implicam ações semelhantes. Presumimos, por exemplo, que nossos amigos não agirão subitamente de modo muito diverso do habitual; supomos conhecer seu caráter, isto é, que há certa regularidade em seu modo de agir. O que não quer dizer que todos os homens, nas mesmas circunstâncias, ajam de maneira idêntica. Afinal, "uma tal uniformidade não se deve esperar em parte alguma da natureza" (VIII, i, 10). Mas isso não significa que não haja constância na relação entre motivos e ações. De modo geral, entre homens instruídos, quando um fenômeno natural parece irregular, não se supõe que seja obra do acaso, mas que deve haver causas ocultas que, fossem conhecidas, o explicariam. Segundo Hume, o mesmo princípio se aplica à análise do comportamento humano. Quando as ações se desviam daquilo que geralmente esperamos, dados certos motivos, deve ser por causa de circunstâncias que desconhecemos, tanto na vida do indivíduo, como na própria estrutura interna de sua mente. Se, por exemplo, um apostador contumaz um dia qualquer mostra-se indiferente às corridas, provavelmente isso se deve a algo que uma pessoa mais íntima poderia explicar. Talvez tenha se convertido ao protestantismo, ou tomado algum sedativo. E embora algumas vezes possamos nos surpreender quanto a um ou outro indivíduo, dificilmente nos enganaremos quanto aos homens em geral. Para o autor, é tão certo que um homem não

INTRODUÇÃO

manterá sua mão no fogo até que ela se carbonize quanto que ele cairá, caso se atire pela janela.

Por conseguinte, não há por que supor que não haja uma conjunção constante entre motivos e ações.

Quanto à segunda condição, a inferência de ações conforme os motivos, argumenta o autor que se trata de coisa tão certa que é parte necessária do convívio em sociedade, em que a mútua dependência dos homens atinge tal grau que é quase impossível realizar-se qualquer intenção sem que se conte com ações alheias. Assim, se as ações não se inferissem dos motivos, não seria possível agir em sociedade.

Cumpridos, pois, esses dois requisitos, a saber, a *conjunção constante* entre os motivos e as ações humanas, e a *inferência* que fazemos de uns para outros, podemos agora afirmar que são unidos por uma *conexão necessária*.[7] Mas isso implica a inexistência de liberdade nas escolhas e ações humanas. Estamos determinados por nossa natureza a agir como agimos em cada circunstância específica. Ainda assim, Hume sustenta que nossas ações são livres. Vejamos como se dá essa conciliação entre liberdade e necessidade.

Segundo o filósofo, a liberdade só se aplica ao homem enquanto liberdade hipotética: "um poder de agir ou não agir, conforme as determinações da vontade" (VIII, i, 23). O que não quer dizer que essa vontade e a decorrente ação sejam contingentes. Pensar numa ação voluntária contingente seria o mesmo que acreditar no acaso, que, para Hume, é uma "mera palavra negativa", sem existência em parte alguma na natureza, inclusive no homem. Assim, liberdade, enquanto oposta a necessidade, não tem sentido algum. A única liberdade aceita por Hume é aquela que se opõe a coação ou confinamento.

---

[7] Aqui, essa necessidade não é mais de ordem lógica ou racional, mas experimental. Lembremos que Hume resgatou a ideia de necessidade que antes pusera por terra. Agora, porém, necessidade não significa mais do que a experiência da conjunção constante entre dois objetos ou eventos, e a consequente crença que formamos de que tal conjunção continuará a se repetir.

Mas parece a todos muito claro que a vontade é indeterminada. Essa convicção, porém, se baseia numa ilusão, que pode ter duas origens. Primeiramente, pode provir do pensamento de que *percebemos* nos corpos naturais uma conexão necessária, ao passo que não a percebemos em nossas vontades e ações. Daí concluirmos que estas últimas são indeterminadas, contingentes. Mas, como sabemos, para Hume essa percepção não existe: o que chamamos de *conexão necessária* nada mais é do que a conjunção constante de dois objetos, um anterior e o outro posterior, de modo que nossa mente é levada pelo hábito a, diante do aparecimento de um objeto, inferir o outro. Por conseguinte, em tudo quanto diga respeito à *percepção* de uma conexão necessária, não há por que supor que as ações voluntárias sejam menos determinadas do que os fenômenos da natureza.

Em segundo lugar, a ilusão pode provir de uma vaga impressão de que, ao fazermos algo, *poderíamos* muito bem não o ter feito, e vice-versa. Hume argumenta que essa impressão corresponde a um "movimento esboçado", uma *veleidade*, a vaga concepção da alternativa que *não* realizamos. E, no entanto, a escolha que fizemos era tão determinada quanto qualquer fenômeno natural. Podemos ter o "fantástico desejo" de provar nossa liberdade e reconstituir a situação, de modo a realizar a ação que *não* havíamos escolhido anteriormente. Nesse caso, todavia, o motivo é diverso do que primeiramente nos movera, e nos leva a outra escolha, tão determinada quanto a primeira.

Mas como fica a questão da responsabilidade? Para Hume, permanece a mesma de sempre. Recompensam-se as boas ações e punem-se os crimes porque recompensas e punições motivam as ações humanas de modo tão necessário quanto qualquer outro motivo. E a punição do criminoso somente se justifica porque a ação criminosa proveio de uma causa em seu autor, um traço criminal nele existente. Não houvesse uma conexão necessária entre suas paixões e inclinações e suas ações, não poderíamos culpá-lo pela ação criminosa. Portanto, pelo julgamento do filósofo, essa conexão necessária não afrouxa a responsabilidade, mas, ao contrário, é sua pré-condição.

Contudo, se as ações são necessariamente determinadas por seus motivos, podemos regredir essas causas ao infinito, e concluir que a causa primeira do universo é a única responsável por todos os males, e não seus autores particulares, que apenas fizeram o que estavam desde sempre determinados a fazer por uma inexorável série causal. A isso Hume responde com um apelo à modéstia: essas considerações tão remotas, tão distantes de nossa experiência, estão além das possibilidades de nossa pequenez. Temerária é a filosofia que se embrenha por tais "mistérios sublimes". Melhor permanecermos, tanto na ação quanto na reflexão, em terreno mais próximo e mais apropriado à modéstia de nossa condição.

A NECESSIDADE E A CIÊNCIA DO HOMEM

Essa recomendação final foi frequentemente considerada um artifício retórico, um tanto irônico, para evitar uma polêmica que na verdade o autor teria querido provocar. Mas talvez convenha levá-la mais a sério. Consideremos que não era a intenção de Hume tratar dessa questão para os fins que Leibniz tinha em vista. Este filósofo visava a proporcionar à metafísica uma resposta inteiramente consistente com os princípios da razão, levando o racionalismo às suas máximas consequências. O projeto de Hume é bem outro: trata-se da superação da metafísica moderna em prol da aplicação do método experimental aos temas morais, ou seja, da fundação de uma ciência do homem, e portanto a questão é mostrar que essa é uma ciência de direito, não menos do que as ciências naturais. Daí a afirmação que "a terra, a água e os outros elementos examinados por Aristóteles e Hipócrates não são mais semelhantes aos que atualmente observamos do que os homens descritos por Políbio e Tácito" (VIII, i, 7); que "a conjunção entre motivos e ações voluntárias é tão regular e uniforme quanto a que existe entre causa e efeito em qualquer parte da natureza" (VIII, i, 16), além de tantas outras, que tentam igualar a necessidade moral à necessidade física.

Contudo, é preciso não perder de vista aquilo para que Gerard Lebrun chama a atenção:[8] não é a certeza da filosofia moral que é igualada à da filosofia natural, mas antes o contrário. É isso que a *boutade* de Charing-Cross exprime brilhantemente. "Um homem que abandone sua valise cheia de ouro ao meio-dia na calçada de Charing-Cross pode com a mesma certeza esperar que ela sairá voando como uma pluma ou que a encontrará intacta uma hora depois" (VIII, i, 20). Por um lado, há tanta certeza de que a valise não estará lá quanto que ela não sairá voando como uma pluma. Mas aí é que está o gracejo. Vimos que não há *conhecimento certo* no sentido cartesiano, isto é, demonstrativo. Pois o contrário de um fato qualquer nunca implica contradição. Logo, é perfeitamente concebível que a valise saia voando como uma pluma, isso é improvável apenas. E, no entanto, podemos dizer que não temos certeza que ela *não* sairá voando? Do mesmo modo, não há contradição em conceber que a valise permaneça lá intacta uma hora depois. Mas isso é tão improvável quanto ela voar.

Portanto, não é somente irônica a alegação de Hume: "Não alteramos circunstância alguma do antigo sistema ortodoxo no que diz respeito à vontade, mas apenas no que diz respeito aos objetos e causas materiais." (VIII, ii, 2) Foi a condição da certeza dos objetos materiais que se alterou para que a certeza dos objetos morais a igualasse, e não o contrário.

Nunca é demais destacar, porém, que o autor não tinha em mente fundar uma ciência ao modo das ciências naturais. Antes de tudo, lembremos que no século XVIII não havia uma separação tão estrita entre ciência e filosofia como a que viria a ser aceita no século XIX, conforme os preceitos do positivismo de Auguste Comte e de várias outras doutrinas. Além disso, afirmar que a evidência moral é da mesma natureza que a evidência natural, e que esta, como aquela, deve fundar-se na experiência, e não em princípios lógicos, matemáticos ou

---

[8] Lebrun, G. "A *boutade* de Charing-Cross".

geométricos, é muito diferente de afirmar que o método experimental se aplica da mesma maneira a uma ciência como à outra.

É o próprio autor quem afirma que, na filosofia moral ou ciência do homem, a experimentação é de espécie distinta daquela que se aplica às ciências da natureza, pois não é possível construir o experimento, nem mesmo se o próprio sujeito se colocar na situação que pretende examinar, já que a intenção ou premeditação em assim colocar-se "perturbaria de tal maneira a operação de meus princípios naturais que tornaria impossível formar qualquer conclusão justa do fenômeno".[9] Por isso, "nessa ciência, devemos reunir nossas constatações por meio da observação cautelosa da vida humana, e tomá-las conforme aparecem no curso ordinário do mundo, pelo comportamento dos homens em sociedade, nas ocupações e nos prazeres".[10] Na Investigação Hume indicará, como fontes desse conhecimento, principalmente a história e as artes.

Por outro lado, é contrário ao pensamento humiano algo como um cálculo moral ou a matematização da ciência do homem. No final da *Investigação*, o autor é assertivo no afastamento dessa hipótese: "Parece-me que os únicos objetos das ciências abstratas ou da demonstração são a quantidade e o número, e que todas as tentativas de estender essa espécie mais perfeita de conhecimento além desses limites não passam de mero sofisma e ilusão" (XII, iii, 4). Isso também se aplica aos silogismos. Para Hume, explicar proposições a respeito de fatos através de demonstrações lógicas é um artifício estéril, pois as conclusões já estão contidas nos termos da proposição que se quer explicar. Esta não passa, portanto, de uma definição imperfeita.

Há ainda outro aspecto que nos indica que o projeto da ciência do homem não contempla o ideal de um saber ao modo das ciências naturais. Trata-se do gênero de escrita que aquela

---

[9] *Tratado da natureza humana*, introdução, p. XIX.
[10] Idem, ibidem.

ciência comporta. Pois na introdução do *Tratado*, entre os fundadores da nova ciência do homem, Hume inclui o satirista, poeta e ensaísta Bernard Mandeville (1670-1733), autor da célebre *Fábula das abelhas*, e Anthony Ashley Cooper (1671-1713), 3º Conde de Shaftesbury, ensaísta de estilo fortemente literário, autor da influente obra intitulada *Características de homens, maneiras, opiniões e tempos*. A isso corresponde o estilo da escrita do autor em todas as suas obras posteriores ao *Tratado*: elegante, sucinto e não acadêmico.

Não atribuamos, portanto, ao projeto humiano da ciência do homem, a estampa com que as ciências humanas hoje nos aparecem.

A MEDIDA DO CETICISMO

Hume foi e tem sido frequentemente considerado cético. Não é uma posição que o próprio autor aceite inteiramente, mas esse assunto surge em todas as suas obras filosóficas. No *Tratado*, dedica a parte IV do primeiro livro ao tema. Dentre os *Ensaios morais, políticos e literários*, um versa diretamente essa questão ("O cético"), e em pelo menos outros três ela é recorrente ("O epicurista", "O platonista" e "O estóico"). Finalmente, na *Investigação*, o ceticismo é tratado especificamente na última seção. Portanto, se o autor não adota inteiramente a postura cética, esta não lhe é estranha, nem desimportante. A sua crítica ao ceticismo apóia-se, de modo geral, no argumento de que este não resiste às exigências da vida ordinária, das práticas e ocupações. O cético pode prevalecer em disputas intelectuais, mas não conseguirá dar um passo além do gabinete ou da academia. No entanto, é curioso que, no âmbito da argumentação, ele sempre vença. A que se deve isso?

Para Hume, há fundamentalmente dois tipos de ceticismo: o que antecede ao estudo da filosofia e o que lhe é consequente. O primeiro consiste no método recomendado por Descartes, de duvidar de tudo quanto comporte a menor incerteza, das opiniões às próprias faculdades, até encontrar um princípio original que não possa ser falacioso ou enganoso, para então dele tornar a deduzir tudo o mais de modo certo e indubitável. Mas, sustenta Hume, não só não há nenhum princípio original que seja autoevidente e indubitável, como também, se houvesse, não se poderia extrair dele coisa alguma sem o uso dos sentidos, faculdades que haviam sido postas em dúvida. Portanto, o estado de dúvida preconizado por Descartes, se pudesse de fato alcançar-se, seria "inteiramente incurável". Dessa espécie de ceticismo, Hume aceita uma versão "moderada" e, essa sim, não apenas razoável, mas necessária para o estudo da filosofia. Trata-se de manter certa distância, certa cautela relativamente às opiniões preexistentes, a fim de conservar uma prudência e imparcialidade em nossos juízos e investigações.

A outra espécie, decorrente da filosofia, questiona tanto a evidência dos sentidos como os poderes da razão. No que se refere a estes, o ceticismo toma em consideração os paradoxos resultantes do raciocínio abstrato, ou das ciências da geometria e da quantidade, especialmente os relativos à divisibilidade ao infinito do espaço e do tempo, para disso concluir a inconfiabilidade da razão. Para Hume, esse ceticismo padece do mesmo mal de que se alimenta: resulta do raciocínio demasiadamente distante da experiência. Já o ceticismo quanto aos sentidos baseia-se na análise da relação entre representação e coisa representada. O mais simples exame filosófico, sustenta o autor, mostra-nos que aquilo que tomávamos por certo segundo um instinto natural era, de fato, errôneo. Tomamos nossas percepções pelas próprias coisas, mas, em realidade, as primeiras não passam de imagens, "cópias fugazes ou representações de outras existências" (XII, i, 9). Portanto, não se pode confiar na evidência dos sentidos, que nos levam a crer em algo que a investigação filosófica mostra ser falso. Mas se adotamos a opinião de que nossas percepções são meras representações de algo que lhes é completamente estranho, não podemos mais provar racionalmente que haja uma conexão entre essas percepções e qualquer coisa exterior. Em resumo, abandonamos os sentidos para abraçar a razão, mas, a partir daí, esta já não pode reconciliar-se com aqueles, ao mesmo tempo que, sem o seu auxílio, nada pode.

Para o autor, esse ceticismo pode triunfar nas academias, mas não resiste à vida ordinária. É estéril, pois tão logo abandona seu ambiente não pode influenciar a conduta dos homens, nem o pensamento.

Há, porém, outra espécie de ceticismo, aquele que levanta objeções filosóficas aos raciocínios acerca de questões de fato, isto é, às inferências de causa e efeito. Esse ceticismo argumenta que a ideia de conexão necessária não provém de nenhuma observação de um poder no objeto de causar seu efeito, mas da experiência da mera conjunção constante entre os dois, e portanto a inferência que fazemos de um para o outro tem como único fundamento o hábito. As inferências causais, por conseguinte, não se baseiam em nenhum princípio seguro, logo não podem proporcionar conhecimento.

Ora, como vimos, essa é a própria doutrina na qual o autor pretende alicerçar a ciência do homem, agora, entretanto, contraposta como objeção cética. Segundo Hume, com argumentos iguais aos seus, o cético conclui que não é possível ciência alguma acerca de questões de fato. Há nisso, sem dúvida, uma boa dose de ironia. Lembremos que não se trata aqui do gênero de escrita próprio da filosofia abstrusa. É preciso gracejar, é preciso não explicitar tudo, mas antes ocultar parte do argumento. A única resposta que o autor oferece a esse ceticismo é que ele não é capaz de produzir convicção, sua influência sobre a mente não pode ser duradoura, mas, se fosse, dela não poderia resultar nenhum benefício para a humanidade. Mas Hume não refuta o argumento em si mesmo.

Há, na verdade, uma diferença sutil entre esse ceticismo e a postura humiana. Tal diferença reside numa negação ou aceitação, e não na formulação do problema. Todo ceticismo quanto à possibilidade de raciocínios acerca de questões de fato padece do mesmo mal que o dogmatismo racionalista. Ambos são demasiadamente apegados à razão. O dogmático crê excessivamente em seus princípios, porque julga que a razão os assegura. Já o cético descrê de tudo precisamente pela impossibilidade de obter a garantia da razão. Naquilo de que não há certeza demonstrativa, pensa o cético, não há por que crer. Estranho a um e outro, o *cético mitigado* reconhece a impossibilidade de se demonstrarem questões de fato, mas acredita no que lhe seja convincente. Ele não exige certeza demonstrativa para convencer-se, mas apenas probabilidade.

Por outro lado, o ceticismo mitigado recomenda moderação naquilo em que se crê. Com efeito, Hume pondera que as reflexões do ceticismo *excessivo* ou *pirrônico*, se moderadas pelo senso comum e a reflexão, inspirariam aos dogmáticos "mais modéstia e comedimento"(XII, iii, 1). Além disso, essa postura nos recomenda limitar nossas especulações aos temas mais adequados à estreiteza do entendimento humano, e fugir às tentações dos raciocínios demasiadamente afastados da experiência ordinária, sem, contudo, dissuadir-nos dos estudos profundos, que podem muito bem ser razoáveis, aprazíveis e úteis.

Daí a máxima humiana, que parece dar a medida de seu ceticismo: "De modo geral, há certo grau de dúvida, de cautela e de modéstia que, em todas as espécies de exame e decisão, sempre deveria acompanhar o raciocinador justo" (XII, iii, 1).

NOTA SOBRE A TRADUÇÃO

Para esta tradução utilizamos a edição póstuma de *Enquiries concerning human understanding and concerning the principles of morals*, originalmente editada por W. Strahan e T. Caddell (1777) e revisada por L. A. Selby-Bigge (1896) e por P. H. Nidditch (Clarendon Press, Oxford, 1975). No entanto, visto que entre a primeira edição da obra, de 1748, e a última autoral, de 1777, David Hume fez algumas alterações importantes no texto, indicamos em nota tais variantes. As várias edições são referidas conforme a classificação abaixo, adotada na edição das obras filosóficas de David Hume publicada por Adam Black e William Tait (*The Philosophical Works of David*

Hume, Edimburgo, 1826; reprod. Liberty Fund, Indianapolis, 1985).

BIBLIOGRAFIA

HUME, David. *An enquiry concerning human understanding*; Ed. P. H. Nidditch; Clarendon Press, Oxford, 1975.

_____"Of essay-writing", In: *Essays, moral, political and literary*; Liberty Fund, Indianapolis, 1985.

_____*My own life*; Edit.: Jack Lynch, edição on-line: http://andromeda.rutgers.edu/ ~jlynch/Texts/humelife.html.

_____"Of simplicity and refinement in writing", In: *Essays, moral, political and literary*; Liberty Fund, Indianapolis, 1985.

_____*A Treatise of Human Nature*; Ed. P. H. Nidditch; Clarendon Press, Oxford, 1978.

LEBRUN, Gerard. "A *boutade* de Charing-Cross", Trad. Marta Kawano, In: *A filosofia e sua história*; Organizadores: Carlos Alberto Ribeiro de Moura, Maria Lucia M. O. Cacciola e Marta Kawano; Cosacnaify, São Paulo, 2006.

LEIBNIZ. "A Monadologia e outros textos"; Hedra, São Paulo, 2008.

SELBY-BIGGE, L. A. "Editor's Introduction", *In* HUME, David: *Enquires concerning human understanding and concerning de principles of morals*; Ed. P. H. Nidditch; Clarendon Press, Oxford, 1975.

EDIÇÕES CONSULTADAS

[K] *Philosophical Essays concerning Human Understanding*. Londres: Millar, 1748.
[L] *Philosophical Essays concerning Human Understanding*. Londres: Millar, 1750.
[N] *Essays and Treatises on several Subjects*. Londres: Millar, 1768.
[O] *Essays and Treatises on several Subjects*. Londres: Caddell, 1777.

INVESTIGAÇÃO SOBRE O ENTENDIMENTO HUMANO

ADVERTÊNCIA

A maioria dos princípios e raciocínios contidos neste volume foram publicados numa obra em três volumes intitulada Tratado sobre a natureza humana. *O autor havia concebido tal obra antes de concluir a universidade, e a escreveu e publicou não muito tempo depois. Mas, como não alcançasse êxito, apercebeu-se de seu erro em publicá-la muito cedo e reuniu tudo sob nova forma nos escritos que se seguem, nos quais espera tenham-se corrigido alguns descuidos de raciocínio e, mais ainda, de expressão. No entanto, vários escritores, embora honrassem a filosofia do autor com suas respostas, diligenciaram apontar toda a sua artilharia contra essa obra juvenil, que o autor jamais reconheceu, e afetaram triunfar com vitórias que, imaginavam, haviam obtido sobre ela; prática muito contrária a todas as regras da lisura e do justo debate, e um claro exemplo dos polêmicos artifícios que o zelo fanático julga-se autorizado a empregar. Assim, doravante o autor deseja que os escritos que se seguem sejam considerados os únicos a conter seus sentimentos e princípios filosóficos.*

Seção 1

DAS DIFERENTES ESPÉCIES DE FILOSOFIA

A FILOSOFIA MORAL, ou ciência da natureza humana, pode ser tratada de duas diferentes maneiras; cada uma das quais tem seu mérito particular e pode contribuir para o entretenimento, instrução e correção do gênero humano. Uma considera o homem sobretudo como nascido para a ação, e influenciado em suas avaliações pelo gosto e pelo sentimento, buscando um objeto e evitando outro segundo o valor que parecem possuir e o aspecto em que se apresentam. Como a virtude é reconhecidamente o mais valoroso de todos os objetos, essa espécie de filósofos pinta-a com as cores mais adoráveis; para isso usam de todo o auxílio da poesia e da eloquência e tratam seu tema de uma maneira fácil e óbvia, como melhor convenha para aprazer à imaginação e cativar os afetos. Selecionam da vida ordinária as observações e acontecimentos mais tocantes, contrastam adequadamente caracteres opostos, e, atraindo-nos para as trilhas da virtude com a perspectiva de glória e felicidade, nelas orientam nossos passos pelos preceitos mais salutares e os exemplos mais ilustres. Eles nos fazem *sentir* a diferença entre vício e virtude, excitam e moderam nossos sentimentos; e se assim conseguem fazer com que nossos corações ao menos se inclinem ao amor da probidade e da verdadeira honra, consideram ter cumprido plenamente a finalidade de seus esforços.

A outra espécie de filósofos considera o homem mais como um ser racional do que ativo, e se empenha mais em formar seu entendimento do que em cultivar suas maneiras. Veem na natureza humana um objeto de especulação e a submetem a exame minucioso com vistas a encontrar os princípios que regulam nosso entendimento, suscitam nossos sentimentos e nos fazem aprovar ou censurar qualquer objeto, ação ou comportamento particular. Consideram vergonhoso para toda a literatura que a filosofia ainda não tenha estabelecido, para além de qualquer controvérsia, o fundamento da moral, do raciocínio e da crítica, e continue sempre a falar de verdade e falsidade, vício e virtude, beleza e deformidade sem ser capaz de determinar a fonte dessas distinções. Nenhuma dificuldade os demove dessa árdua tarefa, mas, ao contrário, após proceder de exemplos particulares para princípios gerais, levam suas investigações ainda mais adiante, para princípios mais gerais, e não se dão por satisfeitos até que atinjam os princípios originais aos quais em toda ciência deve confinar-se a curiosidade humana. Embora suas especulações pareçam abstratas e mesmo ininteligíveis aos leitores comuns, aspiram à aprovação dos eruditos e dos sábios, e consideram-se suficientemente recompensados pelo esforço de suas vidas inteiras se conseguem descobrir algumas verdades ocultas que possam contribuir para a instrução da posteridade.

É certo que a generalidade dos homens sempre preferirá a filosofia fácil e óbvia à rigorosa e abstrusa, e muitos a recomendarão não apenas como mais agradável, mas também como mais útil do que a outra. Ela se coaduna melhor com a vida ordinária, molda o coração e os afetos, e, ao tocar os princípios que movem os homens, corrige sua conduta e os aproxima mais do modelo de perfeição que descreve. A filosofia abstrusa, ao contrário, por basear-se num modo de pensar que não se coaduna com os negócios e a ação, esvai-se quando o filósofo deixa o abrigo e se apresenta à luz do dia; tampouco seus princípios podem facilmente conservar qualquer influência sobre nossa conduta e comportamento. Os sentimentos de nosso coração, a agitação de nossas paixões e a veemência de nossos afetos fazem com que todas as suas conclusões se dissipem, reduzindo o filósofo profundo a mero plebeu.

Deve-se admitir, também, que a filosofia fácil, com toda a justiça, conquistou fama mais duradoura, enquanto os raciocinadores abstratos até agora parecem ter desfrutado apenas uma reputação momentânea, graças ao capricho ou à ignorância de sua própria época, mas não foram capazes de manter seu renome perante a posteridade mais imparcial. É fácil para o filósofo profundo cometer um equívoco em seus raciocínios sutis, e um equívoco necessariamente gera outro se, ao extrair as consequências, nem a aparência incomum de suas conclusões, nem sua contradição com a opinião popular forem capazes de demovê-lo de aceitá-las. Já o filósofo que se propõe apenas representar o senso comum do gênero humano em cores mais belas e cativantes não segue adiante se, por acidente, cai em erro; mas, renovando seu apelo ao senso comum e aos sentimentos naturais da mente, retorna à trilha correta e se previne contra quaisquer ilusões perigosas. A fama de Cícero floresce no presente, mas a de Aristóteles está completamente decaída. La Bruyère atravessa oceanos e ainda mantém sua reputação, mas a glória de Malebranche restringe-se a sua própria nação e sua própria época. E talvez Addison seja lido com prazer quando Locke estiver inteiramente esquecido.[1]

Geralmente o caráter de mero filósofo não é muito bem aceito nas relações mundanas, pois se acredita que em nada contribui para o benefício, nem para o prazer da sociedade, dado que vive distante da comunicação com o gênero humano e enredado em princípios e noções igualmente distantes de sua compreensão. Por outro lado, o mero ignorante é ainda mais desprezado, e, numa época e nação em que as ciências florescem, nada se considera indício mais certo de um gênio iliberal

---

[1] Com isso não se pretende de modo algum desfazer do mérito do sr. Locke, que foi realmente um grande filósofo e um pensador justo e modesto. Pretende-se apenas mostrar o destino comum de tal filosofia abstrata. [K e L; as edições em que ocorrem as notas serão indicadas pelas letras referentes. Todas as notas são de Hume, exceto as especificadas.]

DAS DIFERENTES ESPÉCIES DE FILOSOFIA

do que a total ausência de paladar para esses nobres entretenimentos. Supõe-se que o caráter mais perfeito é o que se encontra entre esses extremos, de modo a conservar igual aptidão e gosto para os livros, as companhias e os negócios, mantendo na conversação o discernimento e a delicadeza que provêm das letras polidas, e, nos negócios, a probidade e a agudeza que são o resultado natural de uma filosofia apurada. Nada pode ser mais útil para a difusão e cultivo de um caráter tão perfeito do que as composições de forma e estilo fáceis, que não absorvem demasiadamente a vida, nem requerem aplicação profunda ou recolhimento para serem compreendidas, e fazem com que o leitor retorne ao convívio com os homens pleno de sentimentos nobres e sábios preceitos, apropriados a toda exigência da vida humana. Tais composições tornam a virtude atraente e a ciência agradável, as companhias instrutivas e o recolhimento interessante.

O homem é um ser racional e, como tal, recebe da ciência o alimento e a nutrição apropriados — mas os limites do entendimento humano são tão estritos que, nesse particular, não se pode ter grande esperança de satisfação, por mais amplas e seguras que sejam as suas aquisições. O homem não é um ser menos sociável do que racional — mas tampouco pode ele ter constante prazer com as companhias, nem conservar o mesmo gosto para elas, por mais agradáveis e interessantes que sejam. O homem também é um ser ativo, e em virtude dessa disposição, assim como das várias necessidades da vida humana, deve dedicar-se aos negócios e às ocupações — mas a mente exige algum relaxamento, e não pode manter sempre a sua tendência ao cuidado e ao trabalho. Parece, assim, que a natureza recomendou um tipo de vida misto como o mais adequado à raça humana, e secretamente advertiu os homens que não consentissem que nenhum desses pendores os absorvesse demasiadamente, de modo a incapacitá-los para outras ocupações e entretenimentos. Acolhei vossa paixão pela ciência, diz ela, mas que vossa ciência seja humana, e tal que possa ter uma relação direta com a ação e a sociedade. Proíbo pensamentos abstrusos e inquirições profundas, e por eles vos punirei severamente com a pesarosa melancolia que provocam, com a incerteza sem fim em que vos envolvem, e com a fria recepção que vossas pretensas descobertas encontrarão quando comunicadas. Sede filósofo, mas, em meio a toda vossa filosofia, sede ainda homem.

Se a generalidade dos homens se contentasse em preferir a filosofia fácil à abstrata e profunda, sem censurar ou desprezar esta última, talvez não fosse impróprio convir nessa opinião geral e deixar que cada qual desfrutasse sem oposição seu próprio gosto e sentimento. Mas como nessa matéria muitas vezes se vai além, chegando mesmo à rejeição absoluta de todos os raciocínios profundos, ou do que geralmente se chama *metafísica*, passaremos agora a considerar o que se pode razoavelmente alegar em seu favor.

Comecemos por observar que uma vantagem considerável que resulta da filosofia rigorosa e abstrata consiste em seu préstimo para a filosofia fácil e humana, a qual, sem a primeira, jamais pode atingir suficiente grau de exatidão em seus sentimentos, preceitos e raciocínios. As letras polidas, em sua totalidade, não são mais do que retratos da vida humana em várias atitudes e situações, que nos inspiram diversos sentimentos, sejam de louvor ou censura, de admiração ou ridículo, de acordo com as qualidades do objeto que colocam diante de nós. E está necessariamente mais bem qualificado para ter êxito nessa empresa o artista que, além do gosto delicado e da percepção vivaz, possui um conhecimento rigoroso de nossa organização interna, das operações do entendimento, dos movimentos das paixões e das várias espécies de sentimentos que distinguem vício e virtude. Essa busca ou investigação interior, por mais árdua que possa parecer, faz-se em alguma medida indispensável para os que pretendem descrever acertadamente as aparências óbvias e exteriores da vida e dos costumes. O anatomista apresenta aos olhos os objetos mais medonhos e desagradáveis, mas sua ciência é útil ao pintor, mesmo para o delineamento de uma Vênus ou uma Helena. Este, ao empregar as mais ricas cores de sua arte e conferir às suas imagens as feições mais graciosas e cativantes, deve ao mesmo tempo dirigir sua atenção à estrutura interna do corpo humano, à posição dos músculos, à disposição dos ossos e à função e forma de cada parte ou órgão. Qualquer que seja o caso, o rigor favorece a beleza, assim como o raciocínio justo favorece o sentimento delicado. Seria vão exaltarmos um em detrimento do outro.

Além do mais, podemos observar que toda arte ou ofício, inclusive os mais diretamente relacionados à vida ou à ação, aperfeiçoa-se e torna-se mais útil aos interesses da sociedade em virtude do espírito de rigor, seja qual for a sua proveniência. Por mais distante dos negócios que o filósofo viva, se muitos se dedicarem ao cultivo cuidadoso do gênio da filosofia, este deve difundir-se paulatinamente por toda a sociedade e incutir uma correção similar em todas as artes e ocupações. O político adquirirá mais prudência e perspicácia para a subdivisão e balanceamento do poder; o jurista, mais método e princípios mais apurados em seus raciocínios; e o general, uma disciplina mais regular, e mais cautela em seus planos e manobras. A estabilidade que os governos modernos possuem mais do que os antigos e a justeza da filosofia moderna aperfeiçoaram-se, e provavelmente continuarão a aperfeiçoar-se, em graus semelhantes.

Ainda que não se pudesse colher nenhum benefício desses estudos além da gratificação de uma curiosidade inocente, nem por isso se deveria desprezá-los, pois se acrescentam aos poucos prazeres seguros e inocentes que são dados à raça humana. O caminho mais doce e inofensivo que a vida pode seguir conduz pelas vias da ciência e da instrução, e qualquer um que consiga remover algum obstáculo ou abrir novos horizontes nesse caminho só por isso já deve ser considerado um benfeitor do gênero humano. E embora essas investigações possam parecer árduas e extenuantes, dá-se com algumas mentes o mesmo que com alguns corpos, os quais, dotados de saúde rija e viçosa, necessitam de exercício duro e colhem prazer daquilo que a generalidade dos homens considera penoso e insuportável. Decerto a obscuridade é tão dolorosa para a mente quanto para o olho; mas produzir luz a partir da obscuridade, por mais trabalhoso que seja, deve necessariamente ser motivo de prazer e júbilo.

Mas essa obscuridade na filosofia profunda e abstrata, objeta-se, não é apenas dolorosa e extenuante, mas fonte inevitável de incerteza e erros. Aqui certamente se encontra a objeção mais justa e plausível a uma parcela considerável da metafísica: que esta não é propriamente uma ciência, mas provém dos esforços estéreis da vaidade humana para penetrar objetos inteiramente inacessíveis ao entendimento, ou do artifício das superstições populares, que, incapazes de se defender em solo justo, erguem essas sarças emaranhadas para encobrir e proteger sua fraqueza. Rechaçados em campo aberto, esses salteadores abalam para as florestas e ali permanecem em espera, prontos para tomar de assalto qualquer via da mente que não esteja resguardada e dominá-la com temores religiosos e preconceitos. Mesmo o mais robusto antagonista, se descuidar a vigilância por um momento sequer, será oprimido. E muitos, por covardia ou tolice, abrem os portões aos inimigos e prontamente os recebem como seus soberanos de direito, com reverência e submissão.

Mas será isso razão suficiente para que os filósofos abdiquem de tais investigações e abandonem esse refúgio ao domínio da superstição? Não será mais oportuno extrair a conclusão oposta, e perceber a necessidade de estender o combate à mais recôndita guarida do inimigo? Em vão esperaremos que os homens, após contínua frustração, finalmente abandonem tais ciências etéreas e descubram a jurisdição própria da razão humana. Pois além de muitos terem um interesse bastante deliberado em evocar perpetuamente esses tópicos, além disso, digo eu, nunca se pode razoavelmente conceber que as ciências deem lugar ao cego desespero, visto que, por mais malogradas que se mostrem as tentativas passadas, sempre há espaço para a esperança de que a indústria, a boa fortuna ou a superior sagacidade de gerações posteriores cheguem a descobertas desconhecidas em tempos anteriores. Todo gênio aventuroso continuará a lançar-se à busca do árduo prêmio e se verá antes estimulado do que desencorajado pelos fracassos de seus predecessores, porquanto espera que apenas a ele se reserve a glória de chegar ao termo de tão difícil aventura. O único método para libertar o saber de uma vez por todas dessas questões abstrusas é investigar seriamente a natureza do entendimento humano e mostrar, a partir de uma análise exata de seus poderes e capacidade, que ele não é de modo algum adequado para assuntos tão remotos e abstrusos. Devemos empenhar-nos nesse esforço a fim de posteriormente viver em tranquilidade, e devemos cultivar com algum cuidado a verdadeira metafísica a fim de destruir a falsa e deturpada. A indolência que dá a algumas pessoas salvaguarda contra essa filosofia enganadora, em outras é compensada pela curiosidade; e a desesperança que em alguns momentos prevalece pode vir a dar lugar a promessas e expectativas apaixonadas. O raciocínio justo e rigoroso é seu único remédio universal, apropriado para todas as pessoas e todas as disposições, e é o único capaz de subverter aquela filosofia abstrusa, aquele jargão metafísico que, combinado com a superstição popular, torna-a de certa maneira impenetrável aos raciocinadores descuidados, e lhe dá ares de ciência e sabedoria.

Além da vantagem de rejeitar, após judiciosa investigação, a parte mais incerta e desagradável do saber, há muitas vantagens positivas que resultam da averiguação rigorosa dos poderes e faculdades da natureza humana. É notável que, embora intimamente presentes a nós, as operações da mente pareçam envoltas em obscuridade sempre que se tornam objeto de reflexão, e o olho é incapaz de divisar facilmente os contornos e limites que as determinam ou distinguem. Os objetos são demasiado sutis para permanecerem por muito tempo com o mesmo aspecto e na mesma situação, e devem ser apreendidos num instante, por uma penetração extraordinária recebida da natureza e aprimorada pelo hábito e pela reflexão. Torna-se parcela não desprezível da ciência, portanto, meramente conhecer as diferentes operações da mente, separá-las umas das outras, classificá-las sob suas denominações próprias e organizar toda a aparente desordem em que se encontram envoltas quando tornadas objeto de reflexão e investigação. A tarefa de distinguir e ordenar, que não possui mérito algum quando aplicada aos corpos exteriores, aos objetos de nossos sentidos, torna-se mais valorosa quando dirigida às operações da mente, proporcionalmente à dificuldade e atribulação com que deparamos ao realizá-la. E se não pudermos ir além dessa geografia mental, ou delineação das diferentes partes e poderes da mente, ao menos será uma satisfação ter chegado até ali; e quanto mais óbvia essa ciência pareça (e ela não é de modo algum óbvia), tanto mais desprezível se considerará seu desconhecimento por parte dos aspirantes ao saber e à filosofia.

Também não pode restar qualquer suspeita de que essa ciência seja incerta e quimérica, a não ser que admitamos um ceticismo tal que seja inteiramente subversivo de toda especulação e mesmo da ação. Não se pode duvidar que a mente é dotada de vários poderes e faculdades, que esses poderes são distintos uns dos outros, que o que é realmente distinto à percepção pode ser distinguido por reflexão, e, consequentemente, que há uma verdade ou falsidade em todas as proposições sobre esse assunto, verdade e falsidade que não se encontram além do alcance do entendimento humano. Há muitas distinções óbvias dessa espécie — tais como aquelas entre a vontade e o entendimento, a imaginação e as paixões —, que toda criatura humana é capaz de compreender, e as distinções mais minuciosas e filosóficas não são menos reais e certas, embora sejam mais difíceis de compreender. Alguns exemplos de êxito nessas investigações, especialmente os mais recentes, podem nos dar uma noção mais justa da certeza e solidez desse ramo do saber. Ora, estimaremos valoroso o trabalho de um filósofo que nos proporciona um verdadeiro sistema dos planetas e concilia a posição e ordem desses corpos remotos, enquanto afetamos desdenhar os que com tanto êxito delineiam as partes da mente, que nos concernem tão intimamente?[2]

Mas não podemos nós esperar que a filosofia, se cuidadosamente cultivada, e se incentivada pela atenção do público, seja capaz de levar suas inquirições ainda mais longe e descobrir, em algum grau ao menos, as fontes e princípios secretos que atuam nas operações da mente? Durante muito tempo os

[2] Há muito que se tem confundido a faculdade pela qual discernimos entre a verdade e a falsidade com aquela pela qual percebemos a virtude e o vício; supunha-se, por isso, que toda a moralidade fundava-se em relações eternas e imutáveis, as quais seriam, para toda mente dotada de inteligência, tão invariáveis quanto qualquer proposição sobre quantidade ou número. Mas recentemente um filósofo (o sr. Hutcheson) nos ensinou, com os mais convincentes argumentos, que a moralidade não é nada que esteja na natureza abstrata das coisas, mas antes algo inteiramente relativo ao sentimento ou gosto intelectual de cada ser particular, da mesma maneira que a distinção entre o doce e o amargo, ou entre o quente e o frio tem origem na sensação particular de cada sentido ou órgão. As percepções morais, portanto, não devem ser classificadas como pertencentes às operações do entendimento, e sim aos gostos ou sentimentos.

Os filósofos costumavam dividir todas as paixões da mente em duas classes, as egoístas e as benevolentes, as quais, segundo se supunha, estavam em constante oposição e contrariedade, de modo que estas não poderiam jamais alcançar os objetivos que lhes são próprios, a não ser em detrimento daquelas. Entre as paixões egoístas contavam-se a avareza, a ambição, o desejo de vingança. Entre as benevolentes, o afeto natural, a amizade, o espírito público. Agora os filósofos podem perceber a impropriedade dessa divisão. Está provado (ver os *Sermões* de Butler), incontestavelmente, que mesmo as paixões normalmente consideradas egoístas extravasam o próprio espírito na direção do objeto, e embora a satisfação dessas paixões nos dê prazer, ainda assim a perspectiva do prazer não é a causa da paixão, mas, pelo contrário, a paixão antecede ao prazer, e sem aquela este jamais poderia existir; ademais, ocorre precisamente o mesmo com as paixões ditas benevolentes, e, consequentemente, o interesse pessoal de um homem não é maior quando ele busca a própria glória do que quando o objeto de seu desejo é a felicidade de um amigo; assim como o sacrifício de sua paz e tranquilidade em prol do bem público não é mais desinteressado do que seus esforços para satisfazer a avareza ou a ambição. Faz-se, assim, um considerável ajuste nas divisas das paixões, que se haviam confundido em virtude da negligência ou inexatidão de filósofos anteriores. Esses dois exemplos devem bastar para mostrar-nos a natureza e a importância dessa espécie de filosofia. [Nota às eds. K e L]

filósofos se contentaram com provar, a partir dos fenômenos, os verdadeiros movimentos, ordem e magnitude dos corpos celestes, até que surgiu um filósofo que, pelo mais feliz raciocínio, parece ter determinado as leis e forças que governam e dirigem as revoluções dos planetas. O mesmo se fez relativamente a outras partes da natureza, e não há razão para duvidar que nossas investigações acerca dos poderes e economia mentais, se conduzidas com igual capacidade e cautela, possam ser igualmente exitosas. É provável que uma operação ou princípio da mente dependa de outra, a qual, por sua vez, possa ser reduzida a outra ainda mais geral e universal; e o quanto se podem prolongar essas inquirições é algo que nos é difícil determinar com exatidão antes de um ensaio cuidadoso, ou mesmo depois. Certo é que tentativas dessa espécie são feitas todos os dias mesmo pelos que filosofam com a maior negligência; e nada é mais indispensável do que ingressar nesse empreendimento com o máximo cuidado e atenção, de modo que, se estiver ao alcance do entendimento humano, possa ser concluído com êxito, e, caso contrário, possa ao menos ser rejeitado com alguma convicção e segurança. Evidentemente esta não é uma conclusão desejável, nem deve ser aceita com precipitação. Pois, se assim fosse, em quanto não diminuiríamos o valor e a beleza dessa espécie de filosofia? Até o momento tem sido costume entre os moralistas, quando consideram a grande variedade e diversidade das ações que suscitam nossa aprovação ou desagrado, buscar alguns princípios comuns de que possivelmente dependa essa variedade de sentimentos. E embora por vezes eles tenham levado a questão longe demais, em virtude de sua paixão por algum princípio geral, deve-se, no entanto, convir em que são desculpáveis por terem esperado encontrar alguns princípios gerais a que se pudessem justamente reduzir todos os vícios e virtudes. Nisso também têm-se empenhado críticos, lógicos e até políticos, e suas tentativas não foram inteiramente malogradas, embora uma dedicação mais prolongada, com maior rigor e afinco, talvez possa aproximar ainda mais essas ciências de sua perfeição. Rejeitar em definitivo todas as pretensões desse gênero pode justificadamente considerar-se mais insensato, precipitado e dogmático do que a mais atrevida e inflexível filosofia que já tenha tentado impor à humanidade seus rudes ditames e princípios.

Que importa, então, que esses raciocínios sobre a natureza humana pareçam abstratos e de difícil compreensão? Isso não implica que se possa presumir que sejam falsos. Ao contrário, parece impossível que o que até agora escapou a tantos sábios e profundos filósofos possa ser muito fácil e óbvio. Por mais custosas que nos sejam essas inquirições, podemos considerar-nos suficientemente recompensados, não apenas no que respeita à vantagem, mas também ao prazer, se por meio delas lograrmos acrescentar algo ao nosso acervo de conhecimentos acerca de objetos de tão inestimável importância.

Mas visto que, apesar de tudo, a elevada abstração dessas especulações não as torna mais recomendáveis, mas, pelo contrário, constitui-lhes uma desvantagem, e como essa dificuldade talvez possa ser transposta por engenho e arte, assim como pela precaução contra minúcias desnecessárias, tentamos, na investigação que se segue, lançar alguma luz sobre objetos acerca dos quais os sábios têm sido desalentados pela incerteza, e os ignorantes, pela obscuridade. Felizes de nós se lograrmos unir as fronteiras das diferentes espécies de filosofia pela reconciliação da investigação profunda com a clareza, e da verdade com a novidade! E tanto mais assim se, raciocinando dessa maneira fácil, lograrmos solapar as fundações de certa filosofia abstrusa que até agora parece ter servido apenas de abrigo para a superstição e esconderijo para a absurdidade e o erro!

Seção 2
DA ORIGEM DAS IDEIAS

TODOS ADMITIRÃO prontamente que há uma considerável diferença entre as percepções da mente quando um homem sente a dor do calor excessivo ou o prazer da quentura moderada e quando ele posteriormente evoca essas sensações na memória ou as antecipa pela imaginação. Essas faculdades podem imitar ou copiar as percepções dos sentidos, mas jamais podem alcançar a plena força e vivacidade do sentimento original. No máximo dizemos que, quando operam com o maior vigor, elas representam seu objeto de maneira tão vívida que *quase* poderíamos dizer que o sentimos ou vimos. Mas, exceto se a mente estiver transtornada por doença ou loucura, elas nunca conseguem chegar a um tal nível de vivacidade que torne essas percepções inteiramente indistinguíveis. As cores da poesia, por mais esplêndidas que sejam, jamais conseguem pintar os objetos naturais de maneira tal que faça com que a descrição seja tomada por uma paisagem real. O mais vívido pensamento é ainda inferior à mais vaga sensação.

Podemos observar uma distinção semelhante em todas as outras percepções da mente. Um homem num acesso de fúria é afetado de maneira muito diferente de outro que apenas pensa naquela emoção. Se me dizeis que alguém está apaixonado, entendo facilmente o que quereis dizer e formo uma concepção justa de sua situação, mas nunca poderei confundir essa concepção com as perturbações e agitações reais da paixão. Quando refletimos sobre os sentimentos e afetos passados, nosso pensamento é um espelho fiel que copia seus objetos com veracidade, mas as cores que emprega são fracas e sem brilho em comparação com aquelas que envolviam as percepções

DA ORIGEM DAS IDEIAS

originais. Não é necessário ter um discernimento apurado ou uma mentalidade metafísica para notar a distinção entre elas.

Aqui, portanto, podemos dividir todas as percepções da mente em duas classes ou espécies, distintas por seus diferentes graus de força e vivacidade. As menos violentas e vivazes normalmente se denominam *pensamentos* ou *ideias*. Já as outras carecem de um nome em nossa língua, assim como na maioria das outras; suponho que seja porque não era necessário a nenhuma delas, a não ser para propósitos filosóficos, ordená-las sob um termo ou apelação geral. Permiti, portanto, que usemos de alguma liberdade e as chamemos *impressões*, empregando essa palavra num sentido um tanto diferente do usual. Assim, pelo termo *impressão* quero designar todas as nossas percepções mais vivazes, que ocorrem quando ouvimos, vemos, sentimos, amamos, desejamos ou queremos. E as impressões são distintas das ideias, que são as percepções menos vivazes, e das quais temos consciência quando refletimos sobre quaisquer das sensações ou movimentos mencionados acima.

À primeira vista, nada parece tão ilimitado quanto o pensamento do homem, que não somente escapa a todo poder e autoridade humanos, mas não se restringe nem mesmo aos limites da natureza e da realidade. Não é mais custoso para a imaginação formar monstros e juntar formas e aparências incongruentes do que conceber os objetos mais naturais e familiares. E enquanto o corpo está preso a um planeta sobre o qual rasteja com sofrimento e dificuldade, o pensamento pode transportar-nos num instante às mais distantes regiões do universo, ou mesmo para além do universo, ao caos infinito em que se supõe a natureza em total confusão. Pode-se conceber mesmo o que jamais foi visto ou ouvido, e nada escapa ao alcance do poder do pensamento, exceto o que implica absoluta contradição.

Mas embora nosso pensamento pareça possuir uma liberdade ilimitada, num exame mais de perto veremos que na verdade ele se restringe a limites muito estreitos, e todo esse poder criativo da mente não consiste em nada mais do que a faculdade de compor, transpor, aumentar ou diminuir os materiais que os sentidos e a experiência nos proporcionam. Quando pensamos numa montanha de ouro, apenas juntamos duas ideias consistentes, *ouro* e *montanha*, que já nos eram conhecidas. Podemos conceber um cavalo virtuoso, pois a partir de nossos próprios sentimentos podemos conceber a virtude, a qual podemos unir à figura e forma de um cavalo, animal que nos é familiar. Em resumo, todos os materiais do pensamento provêm de nosso sentimento exterior ou interior: apenas sua mistura ou composição pertence à mente e à vontade. Ou, para expressar-me em linguagem filosófica, todas as nossas ideias ou percepções mais débeis são cópias de nossas impressões ou percepções mais vivazes.

Para prová-lo, creio que os dois argumentos que se seguem serão suficientes. *Primeiramente*, quando analisamos nossos pensamentos ou ideias, por mais sublimes ou complexos que sejam, sempre verificamos que se reduzem às ideias simples que foram copiadas de uma sensação ou sentimento anterior. Mesmo as ideias que à primeira vista parecem mais afastadas dessa origem mostram, num exame mais de perto, ter essa mesma proveniência. A ideia de Deus, isto é, de um Ser infinitamente inteligente, sábio e bom, origina-se de nossa reflexão sobre as operações de nossa própria mente, e do aumento ilimitado das qualidades da bondade e da sabedoria. Podemos prosseguir o quanto quisermos nessa investigação e sempre verificaremos que toda ideia que examinarmos será cópia de uma impressão similar. Os que pretendem afirmar que essa posição não é universalmente verdadeira ou sem exceção dispõem de apenas um método, bastante fácil, para refutá-la: exibir a ideia que, em sua opinião, não advém dessa fonte. Caberá a nós, então, se quisermos manter nossa doutrina, exibir a impressão, ou percepção vivaz, que a ela corresponde.

Em segundo lugar, se acaso houver um homem que não seja suscetível de qualquer sensação, sempre verificaremos que ele não será capaz de ter as ideias correspondentes. Um cego não é capaz de formar noção alguma das cores, assim como o surdo não o é dos sons. Restituí a qualquer um deles o sentido em que é deficiente e, ao abrirdes esse novo acesso para as sensações, também abrireis um acesso para as ideias, e ele não encontrará, então, dificuldade alguma em conceber aqueles objetos. O mesmo ocorre quando o objeto próprio para suscitar uma sensação nunca teve contato com o órgão correspondente. Um lapão ou um negro não possui noção alguma do paladar do vinho. E embora haja poucos ou nenhum exemplo de semelhante deficiência na mente, isto é, de uma pessoa que jamais tenha sentido ou que seja inteiramente incapaz de algum sentimento ou paixão próprio da sua espécie, ainda assim constatamos que a mesma observação é verdadeira, mas em menor grau. Um homem de comportamento brando não pode formar nenhuma ideia de obstinada vingança ou crueldade, assim como o homem de coração egoísta não consegue facilmente conceber a elevação da amizade e da generosidade. Admite-se prontamente que outros seres podem possuir muitos sentidos dos quais não nos é possível ter nenhuma concepção, pois jamais as suas ideias nos foram introduzidas pela única maneira mediante a qual uma ideia pode ter acesso à mente, a saber, mediante o sentimento e a sensação efetivos.

Há, no entanto, um fenômeno contraditório, que pode provar que não é absolutamente impossível que as ideias surjam independentemente das impressões que lhes correspondem. Creio que se admitirá de pronto que as várias e distintas ideias de cor que entram pelo olho, ou as de som, que se propagam pelo ouvido, são realmente diferentes umas das outras, embora sejam ao mesmo tempo semelhantes. Pois bem, se isso é verdade quanto a cores diferentes, não deve ser menos verdadeiro quanto às diferentes tonalidades de uma mesma cor; e cada tonalidade produz uma ideia distinta, independente do resto. Pois, se isso for negado, será possível, pela gradação contínua de tonalidades, estender uma cor insensivelmente até a que lhe seja mais remota; e se vós não convierdes que os intermédios são diferentes entre si, não podereis negar sem absurdo que os extremos são iguais. Suponde, portanto, uma pessoa que goza de boa visão há trinta anos e que se tornou perfeitamente familiarizada com todas as espécies de cores, exceto uma determinada tonalidade de azul, por exemplo, com a qual nunca tenha deparado. Que todas as diferentes tonalidades daquela cor, com a particular exceção desta última, sejam postas à sua frente numa gradação decrescente, da mais forte à mais clara; é patente que ele perceberá uma lacuna, correspondente à tonalidade que falta, e notará que naquele intervalo há uma maior distância entre as cores contíguas do que em qualquer outro. Pois bem, pergunto se é possível que ele supra essa ausência por meio de sua própria imaginação, e conceba para si a ideia daquela tonalidade específica, embora ela jamais lhe tenha sido transmitida pelos sentidos. Creio que poucos serão da opinião de que ele não pode fazê-lo. E isso pode servir de prova que as ideias simples não se originam sempre, em todos os casos, das impressões correspondentes, embora esse exemplo seja tão singular que mal vale a pena observá-lo, e por isso não se constitui, por si só, num bom motivo para alterarmos nossa máxima geral. Eis aqui, portanto, uma proposição que não apenas parece em si mesma simples e inteligível, mas também, caso dela se faça uso adequado, tende a tornar toda disputa igualmente inteligível, ao banir todo o jargão que há tanto tempo tem predominado nos raciocínios metafísicos, trazendo-lhes descrédito. Todas as ideias, especialmente as abstratas, são naturalmente vagas e obscuras. Delas a mente tem apenas uma pálida apreensão, e elas tendem a se confundir com outras ideias semelhantes; e após havermos empregado frequentemente algum termo, mesmo que este não tenha um significado distinto, tendemos a imaginar que há uma ideia determinada anexada a ele. Ao contrário, todas as impressões, isto é, todas as sensações, sejam externas ou internas, são fortes e vívidas; os limites entre elas são mais exatamente determinados, e não é fácil incorrer em erro ou equívoco quanto a elas. Quando suspeitamos, portanto, que algum termo filosófico é empregado sem qualquer significado ou ideia que lhe corresponda (o que é demasiado frequente), precisamos apenas inquirir *de que impressão deriva*

DA ORIGEM DAS IDEIAS

essa suposta ideia. E se não for possível assinalar nenhuma, isso servirá para confirmar nossa suspeita. Ao dispor as ideias sob tão clara luz, podemos razoavelmente esperar afastar toda disputa que possa surgir com relação a sua natureza e realidade.[1]

---

[1] É provável que aqueles que até hoje negaram as ideias inatas não quisessem dizer nada mais que isto, que todas as ideias eram cópias de nossas impressões; embora se deva confessar que os termos que eles empregaram não foram definidos com a cautela necessária, nem determinados com uma exatidão tal que fosse capaz de prevenir todos os equívocos acerca de sua doutrina. Pois o que se quer dizer com *inato*? Se inato for equivalente a natural, então é forçoso admitir que todas as percepções e ideias da mente são inatas ou naturais, qualquer que seja o sentido pelo qual tomemos esta última palavra, seja em oposição ao que é incomum, seja ao que é artificial, seja ao que é miraculoso. Se por inato quer-se significar o que é simultâneo ao nosso nascimento, a disputa parece ser frívola, e também não vale a pena inquirir em que momento se inicia o pensamento, se antes, ao mesmo tempo ou depois de nosso nascimento. Por outro lado, Locke e outros parecem comumente tomar a palavra *ideia* em sentido muito vago, como a significar quaisquer de nossas percepções, sensações e paixões, assim como nossos pensamentos. Ora, a adotar-se esse sentido, gostaria de saber o que poderia significar a afirmação de que o amor de si, ou o ressentimento pelas injúrias que nos são cometidas, ou ainda a paixão entre os sexos são inatos.

Mas se adotamos esses termos, *impressões* e *ideias*, no sentido explicado acima, e se compreendemos por *inato* o que é original, ou o que não é copiado de nenhuma percepção anterior, então podemos afirmar que todas as nossas impressões são inatas, e que todas as nossas ideias não o são.

Para ser franco, devo admitir que minha opinião é que, quanto a essa questão, Locke foi induzido a erro pelos escolásticos, os quais, pelo uso de termos indefinidos, prolongam tediosamente suas disputas sem nem sequer tocar o ponto em questão. Ao que parece, uma ambiguidade e um circunlóquio semelhantes perpassam os raciocínios desse filósofo tanto acerca deste como acerca da maior parte dos demais temas.

Seção 3
DA ASSOCIAÇÃO DE IDEIAS

É EVIDENTE que há um princípio de conexão entre os diferentes pensamentos ou ideias da mente, e que, quando aparecem à memória ou à imaginação, elas se introduzem umas às outras com certo grau de método e regularidade. Em nossos pensamentos ou discursos mais sérios isso é de tal modo observável que qualquer pensamento que interrompa a sequência ou cadeia regular de ideias é imediatamente notado e rejeitado. E se refletirmos verificaremos que, mesmo em nossos devaneios mais extravagantes e volúveis, e até em nossos sonhos, a imaginação não se move inteiramente ao acaso, mas as diferentes ideias que se sucedem umas às outras ainda guardam uma conexão entre si. Se se transcrevesse a conversação mais descompromissada e livre, observar-se-ia imediatamente algo que a conectava em todas as suas transições. Ou ainda, onde tal não houvesse, a pessoa que quebrou o fio do discurso poderia informar-vos que uma sucessão de pensamentos havia secretamente irrompido em sua mente, afastando-o pouco a pouco do objeto de conversação. Comparando-se diferentes línguas, mesmo as que não se pode suspeitar que tenham entre si a menor conexão ou comunicação, verifica-se que as palavras que em cada uma delas expressam as ideias mais compostas correspondem aproximadamente umas às outras, o que de certa maneira constitui uma prova de que as ideias simples compreendidas pelas compostas foram unidas por algum princípio universal, o qual exerceu igual influência sobre todo o gênero humano.

Embora seja óbvio demais para escapar à observação que

DA ASSOCIAÇÃO DE IDEIAS

as diferentes ideias são unidas por conexão, jamais soube que algum filósofo tenha tentado enumerar ou classificar todos os princípios de associação; assunto este, entretanto, que parece digno de curiosidade. Para mim, parece haver apenas três princípios de conexão entre ideias, a saber: *semelhança*, *contiguidade* no tempo e no espaço, e *causa* ou *efeito*.

Que esses princípios servem para conectar ideias, creio que é algo quanto ao que não haverá muitas dúvidas. Uma pintura naturalmente conduz nossos pensamentos ao original;[1] a menção a um dos apartamentos de um prédio naturalmente inicia uma inquirição ou discurso acerca dos demais;[2] e se pensarmos num ferimento, dificilmente deixaremos de refletir sobre a dor que a ele se segue.[3] Mas que essa enumeração seja completa, ou que não haja outros princípios de associação que não estes, é algo difícil de ser provado de modo a satisfazer o leitor, ou até mesmo a mim. Tudo que podemos fazer em tais casos é passar em revista vários exemplos e examinar cuidadosamente o princípio que une os diferentes pensamentos uns aos outros, sem jamais pararmos antes que tenhamos tornado o princípio tão geral quanto possível.[4] Quanto mais exemplos examinarmos, e quanto maior o cuidado com que o fizermos, mais seguros estaremos de que a enumeração estabelecida a partir do conjunto é completa e inteira.[5]

***

Em vez de entrar em detalhes desse gênero, que nos levariam a muitas sutilezas inúteis, consideraremos os efeitos dessa conexão sobre as paixões e a imaginação, com o que podemos

[1] Semelhança.
[2] Contiguidade.
[3] Causa e efeito.
[4] Contraste ou contrariedade, por exemplo, também é uma conexão entre ideias. Mas talvez se possa considerá-la uma mistura de *causalidade* e *semelhança*. Quando dois objetos são contrários, um destrói o outro, isto é, um é a causa da aniquilação do outro, e a ideia de aniquilação de um objeto implica a ideia de sua anterior existência.
[5] Na última edição corrigida [O], a seção termina aqui. Nas edições K, L e N, o texto prossegue.

abrir um campo de especulação mais interessante e talvez mais instrutivo.

Como o homem é um ser racional e encontra-se continuamente em busca de felicidade, a qual espera encontrar na gratificação de alguma paixão ou afeto, ele raramente age, fala ou pensa sem um propósito ou intenção. Ele sempre tem algum objetivo em vista, e por mais impróprios que sejam os meios que por vezes escolhe para alcançar seu propósito, nunca perde de vista algum fim, nem tampouco abandona facilmente seus pensamentos e reflexões, mesmo quando não tem esperança de extrair deles alguma satisfação para si.

Em todas as composições de gênio, portanto, requer-se que o autor tenha algum plano ou objetivo, e embora ele possa ser arrastado para longe desse plano pela veemência do pensamento, como numa ode, ou executá-lo de modo mais livre, como numa epístola ou ensaio, algum fim ou intenção sempre deve transparecer no primeiro momento, se não em toda a composição da obra. Uma produção sem desígnio assemelhar-se-ia mais aos desvarios de um louco do que aos sóbrios esforços do gênio e da proficiência.

Como tal regra não admite exceção, segue-se que, em composições narrativas, os eventos ou ações que o autor relata devem estar conectados por algum laço ou vínculo; devem estar relacionados uns aos outros na imaginação e formar uma espécie de *unidade*, tal que possa situá-los num só plano ou perspectiva e constituir-se no objetivo ou finalidade do autor no início de sua empreitada.

O princípio de conexão entre os vários eventos que formam o tema de um poema ou história pode ser muito diferente, segundo os diferentes planos do poeta ou narrador. Ovídio formou seu plano conforme o princípio de conexão por semelhança. Não há transformação fabulosa, produzida pelo poder miraculoso dos deuses, que não seja passível de se incluir em sua obra. A simples presença dessa circunstância num evento qualquer já é suficiente para que se encaixe em seu plano ou intenção original.

DA ASSOCIAÇÃO DE IDEIAS

Um analista ou historiador que pretendesse escrever a história da Europa durante um dado século seria influenciado pela conexão de contiguidade no tempo e no espaço. Seu plano admitiria todos os eventos que houvessem ocorrido naquele espaço e naquele período de tempo, mesmo que em outros aspectos fossem diferentes e sem conexão entre si. Eles ainda conservariam uma espécie de unidade em meio a toda a sua diversidade.

Mas a espécie mais usual de conexão entre os diferentes eventos que entram numa narrativa é a de causa e efeito, visto que o historiador compõe as séries de ações segundo sua ordem natural, remonta às suas fontes e princípios secretos e delineia as suas consequências mais remotas. Ele escolhe como seu assunto um certo segmento da grande cadeia dos eventos que compõem a história da humanidade: em sua narrativa, empenha-se em tocar cada elo dessa cadeia. Por vezes, uma incontornável ignorância torna todos os seus esforços infrutíferos; outras vezes, supre por conjetura o que falta ao conhecimento; e sempre tem em mente que quanto mais ininterrupta for a cadeia que apresentar aos seus leitores, mais perfeita será a sua produção. Ele vê que o conhecimento das causas não é apenas o mais satisfatório, visto que essa conexão ou relação é a mais forte de todas, mas também a mais instrutiva, dado que é apenas por meio desse conhecimento que nos capacitamos para controlar os eventos e governar o porvir.

Podemos agora, portanto, ter alguma noção daquela *unidade* de *ação* de que todos os críticos tanto têm falado desde Aristóteles, embora talvez com pouco êxito, pois não guiaram seu gosto ou sentimento pelo rigor da filosofia. Parece que todas as produções, tal como ocorre com as épicas e as trágicas, requerem certa unidade, e que em nenhuma ocasião podemos tolerar que nossos pensamentos divaguem se quisermos produzir uma obra de interesse duradouro para o gênero humano. Também parece que mesmo um biógrafo que fosse escrever sobre a vida de Aquiles conectaria os eventos pela demonstração de sua mútua relação e dependência, e igualmente o faria o poeta que elegesse a fúria do herói como tema de sua narrativa.[6] E não é apenas num dado período de sua vida que as ações de um homem dependem umas das outras, mas durante toda a sua existência, do berço ao túmulo; tampouco é possível subtrair um único elo, por menor que seja, dessa cadeia regular, sem afetar toda a série de eventos que se seguem. Portanto, a unidade de ação que se encontra numa biografia ou narrativa histórica não difere daquela da poesia épica quanto à espécie, mas quanto ao grau. Na poesia épica, a conexão entre os eventos é mais estreita e clara; a narração não cobre um lapso de tempo muito extenso, e os personagens chegam rapidamente a alguma situação notável para satisfazer a curiosidade do leitor. Essa conduta do poeta épico se deve à peculiar disposição da imaginação e das paixões que esse gênero de produção pressupõe. Nela, tanto a imaginação do autor quanto a do leitor são mais estimuladas, e suas paixões, mais inflamadas do que em narrativas históricas, biográficas ou de qualquer outra espécie que se atenha estritamente à verdade e à realidade. Consideremos o efeito dessas duas circunstâncias, a saber, a imaginação estimulada e as paixões inflamadas, que pertencem especialmente e acima de qualquer outra espécie de composição à poesia de gênero épico, e vejamos por que razão elas exigem que esse tipo de enredo tenha uma unidade mais estreita e rigorosa.

Primeiramente, uma vez que toda poesia é uma espécie de pintura, aproxima-nos mais dos objetos do que qualquer outra espécie de narrativa, realça-os com uma luz mais forte e delineia minuciosamente circunstâncias que, embora possam parecer supérfluas ao historiador, têm um grande poder de avi-

---

[6] Contrariamente ao que afirma Aristóteles na *Poética,* 1451a, "uno é o mito, mas não por se referir a uma só pessoa, como creem alguns, pois há muitos acontecimentos e infinitamente vários, respeitantes a um só indivíduo, entre os quais não é possível estabelecer unidade alguma. Muitas são as ações que uma pessoa pode praticar, mas nem por isso elas constituem uma ação una". (Μῦθος δ' ἐστὶν εἷς οὐχ ὥσπερ τινὲς οἴονται ἐὰν περὶ ἕνα ᾖ· πολλὰ γὰρ καὶ ἄπειρα τῷ ἑνὶ συμβαίνει, ἐξ ὧν ἐνίων οὐδέν ἐστιν ἕν· οὕτως δὲ καὶ πράξεις ἑνὸς πολλαί εἰσιν, ἐξ ὧν μία οὐδεμία γίνεται πρᾶξις.) [trad. Eudoro de Souza. 2ª ed., São Paulo, Abril Cultural, 1984, p. 248.]

var o imaginário e gratificar a fantasia. Se não é necessário informar-nos cada vez que o herói afivela seus calçados ou prende sua liga, como na *Ilíada,* talvez seja preciso, no entanto, entrar em maiores detalhes do que os que se mostram na *Eneida,* em que os eventos se passam com tal rapidez que mal temos tempo de nos familiarizar com a cena ou ação. O poeta que desejasse, portanto, incluir em seu tema um longo período de tempo ou uma extensa série de eventos, e referir a morte de Hector às suas causas remotas, à violação de Helena ou ao julgamento de Páris, teria de expandir imensamente o poema, a fim de preencher uma tela tão vasta com as devidas cores e figuras. E o leitor, com a imaginação inflamada por tal série de descrições poéticas, e as paixões agitadas pela contínua simpatia com os personagens, haverá de esmorecer muito antes do fim da narração, enfadado e aborrecido com a repisada violência dos mesmos movimentos.

Em segundo lugar: que um poeta não deve remontar às causas muito distantes é algo que ficará mais claro se considerarmos outra razão, extraída de uma propriedade ainda mais notável e singular das paixões. É evidente que, numa composição correta, todos os afetos suscitados pelos diversos eventos descritos e representados reforçam-se mutuamente; e, como os heróis estão todos envolvidos numa trama comum, e cada ação tem uma forte conexão com a totalidade do enredo, o interesse mantém-se continuamente desperto, e torna-se fácil a transição das paixões de um objeto a outro. A forte conexão dos eventos, assim como facilita a passagem do pensamento ou imaginação de um para outro, também facilita a transfusão das paixões, e desse modo conserva o afeto inalterado na mesma via e direção. Nossa simpatia e interesse por Eva prepara o caminho para uma simpatia semelhante em relação a Adão: o afeto se preserva quase integralmente na transição, e a mente assimila de imediato esse novo objeto, por ser fortemente relacionado com aquele que antes cativara sua atenção. Mas se o poeta se desviasse completamente de seu tema e introduzisse um novo personagem, sem nenhuma conexão com os anteriores, a imaginação, sentindo uma quebra na transição, entraria friamente na nova cena e lentamente se intensificaria novamente; quando retornasse ao tema principal do poema, passaria, por assim dizer, a um terreno estranho, e teria de reavivar seu interesse para compatibilizar-se com os personagens principais. O mesmo inconveniente ocorre, ainda que em menor grau, quando o poeta prolonga demasiadamente o relato dos eventos, de modo a reunir ações que, embora não de todo incongruentes, não têm uma conexão tão forte quanto necessário para favorecer a transição das paixões. Daí provém o artifício da narração indireta empregado na *Odisseia* e na *Eneida*, em que o herói é apresentado num período próximo à conclusão de seus objetivos, para posteriormente mostrar-nos, como que em perspectiva, as causas e eventos mais distantes. Dessa maneira, a curiosidade do leitor é imediatamente excitada, os eventos se seguem com rapidez e em íntima conexão uns com os outros, de modo a manter o interesse vivo e em contínuo crescimento em virtude da estreita relação que os objetos mantêm entre si desde o início até o fim da narrativa.

A mesma regra vale para a poesia dramática. Numa composição regular, nunca se permite a introdução de um personagem que não tenha nenhuma conexão com os personagens principais da história, ou que a possua apenas em pequeno grau . O espectador não deve ter o seu interesse desviado por cenas descombinadas e isoladas das demais. Isso interrompe o fluxo das paixões e impede a comunicação entre as diversas emoções, que é o meio pelo qual cada cena confere mais força à seguinte, e lhe transfunde a piedade e o terror anteriormente suscitados, até que todo o conjunto da trama produza a rapidez de movimento peculiar ao teatro. Quanto do calor do afeto não se perde quando nossa atenção é subitamente atraída para uma nova cena e para novos personagens sem nenhuma relação com os precedentes; quando deparamos com tão evidente quebra ou vacuidade no curso das paixões, resultante da quebra na conexão de ideias; e quando, ao invés de levarmos a simpatia de cada cena para a seguinte, somos

DA ASSOCIAÇÃO DE IDEIAS

obrigados a todo momento a nutrir um novo interesse e tomar parte numa nova cena de ação?

Mas embora a regra da unidade seja comum às poesias dramática e épica, podemos ainda observar uma diferença entre elas que talvez mereça nossa atenção. Em ambas as espécies de composição é necessário que a ação seja simples e indivisa, a fim de preservar o interesse ou simpatia íntegros e sem distrações. Na poesia épica, entretanto, essa regra também se assenta sobre outro fundamento, a saber, a necessidade que se impõe a todo autor de formar algum plano ou projeto antes de iniciar qualquer discurso ou narração, ou de vislumbrar seu tema sob algum aspecto geral ou de algum ponto de vista coeso, que possa ser objeto constante de sua atenção. Como na composição dramática o autor é inteiramente esquecido, e o espectador supõe estar realmente presente às ações representadas, aquela necessidade não se aplica ao palco, onde se pode introduzir qualquer diálogo ou conversação que, respeitadas as probabilidades, possa transcorrer naquela determinada porção de espaço representada pelo teatro. Eis por que em nenhuma de nossas comédias inglesas, nem nas de Congrew, jamais se observou rigorosamente a unidade de ação, pois o poeta julga suficiente que seus personagens estejam de alguma maneira relacionados uns aos outros pelo sangue ou pelo convívio numa mesma família, e posteriormente os introduz em cenas específicas em que exibem seus temperamentos e caracteres, sem adiantar muito a ação principal. Os enredos duplos de Terence se apoiam no mesmo tipo de licença, mas em menor grau. E embora essa conduta não seja perfeitamente regular, não é de todo inadequada à natureza da comédia, em que os movimentos e paixões não se elevam à mesma altura que na tragédia, e nas quais, ao mesmo tempo, a ficção ou representação comporta, em certo grau, tais licenças. Num poema narrativo, a proposta inicial ou plano restringe o autor a um tema, e quaisquer digressões dessa natureza seriam rejeitadas tão logo aparecessem, como absurdas e monstruosas. Nem Boccaccio, nem La Fontaine, nem qualquer outro autor desse gênero, conquanto o prazer fosse seu principal objetivo, jamais fez concessões quanto a isso.

Para retomar a comparação entre história e poesia épica, podemos concluir, em face dos raciocínios precedentes, que, como certa unidade é necessária a todas as produções, não pode ser menos necessária à história do que a qualquer outro gênero literário; que, em história, a conexão que reúne os vários eventos num único corpo é a relação de causa e efeito, a mesma que atua na poesia épica; e que, neste último gênero de composição, requer-se apenas que tal conexão seja mais estreita e evidente, em virtude da vivacidade de imaginação e da força das paixões que o poeta deve provocar com sua narrativa. A guerra do Peloponeso é um tema próprio para a história; o cerco de Atenas, para um poema épico; e a morte de Alcibíades, para uma tragédia.

Como a diferença, portanto, entre história e poesia épica consiste apenas nos graus de conexão que unem os vários eventos de que se compõe o tema, será difícil, se não impossível, determinar exatamente em palavras os limites que separam uma da outra. Trata-se de uma questão de gosto, mais do que de raciocínio; e talvez essa unidade possa ser descoberta num tema que, à primeira vista, e segundo considerações abstratas, seria onde menos esperaríamos encontrá-la.

É evidente que Homero, ao longo de sua narração, ultrapassa os limites originalmente propostos pelo tema, e que a ira de Aquiles que causou a morte de Heitor não é a mesma que tantos males infligiu aos gregos. Mas a forte conexão entre esses dois movimentos, a rapidez da transição de um a outro, o contraste entre os efeitos da concórdia e da discórdia entre os príncipes, e a curiosidade em ver Aquiles em ação após tão prolongado repouso, todas essas causas arrebatam o leitor e produzem a unidade suficiente ao tema.

Pode-se objetar a Milton que ele remonta seus episódios a causas muito distantes, e que a rebelião dos anjos provoca a queda do homem mediante uma série de eventos demasiado longa e casual. Sem mencionar que a criação do mundo, que ele relata em detalhes, não é com maior razão a causa daquela catástrofe do que da batalha de Farsália ou de qualquer outro evento que já tenha ocorrido. Mas se considerarmos, por outro lado, que a rebelião dos anjos, a criação do mundo e a queda do homem se *assemelham* quanto ao seu caráter miraculoso e estranho ao curso ordinário da natureza; que se pressupõe que eles sejam *contíguos* no tempo; e que, por estarem apartados de todos os outros eventos e serem os únicos fatos originais que a revelação manifesta, eles atingem imediatamente o olhar e naturalmente remetem uns aos outros no pensamento ou imaginação; se considerarmos, digo, todas essas circunstâncias, veremos que as partes da ação possuem a unidade suficiente para incluir-se numa só fábula ou narrativa. Ao que podemos acrescentar que a rebelião dos anjos e a queda do homem possuem uma semelhança peculiar, isto é, são mutuamente complementares e apresentam ao leitor a mesma moral: a da obediência ao nosso Criador.

Reuni essas observações livres a fim de excitar a curiosidade dos filósofos e inculcar-lhes ao menos a suspeita, se não puder persuadi-los completamente, de que esse tema é muito profuso, e de que muitas das operações da mente humana dependem da conexão ou associação de ideias que aqui se explicou. Particularmente, a simpatia entre as paixões e a imaginação parecerá, suponho, digna de nota, se observarmos que os afetos suscitados por um objeto passam facilmente a outro que lhe seja conexo, porém se transferem com dificuldade ou absolutamente não se transferem entre objetos diferentes, sem qualquer tipo de conexão entre si. Ao introduzir numa composição quaisquer personagens e ações estranhas entre si, o autor insensato perde a comunicação entre as emoções, a única que pode provocar o interesse nos corações e exaltar as paixões à altura conveniente no momento apropriado. A explicação completa desse princípio e de todas as suas consequências nos levaria a raciocínios demasiado profundos e extensos para esses ensaios. Por ora é suficiente que tenhamos estabelecido esta conclusão, que os três princípios de conexão entre todas as ideias consistem nas relações de *semelhança, contiguidade* e *causalidade*.

Seção 4

DÚVIDAS CÉTICAS SOBRE AS OPERAÇÕES DO ENTENDIMENTO

I

Todos os objetos da razão ou da investigação humana podem ser naturalmente divididos em duas espécies, a saber, *relações de ideias* e *questões de fato*. Da primeira espécie são as ciências da geometria, álgebra e aritmética, e, de modo geral, toda afirmação que seja intuitiva ou demonstrativamente certa. A proposição *o quadrado da hipotenusa é igual à soma dos quadrados dos catetos* expressa uma relação entre essas figuras. *Três vezes cinco é igual à metade de trinta* expressa uma relação entre esses números. Proposições dessa espécie podem ser descobertas pela mera operação do pensamento e independem da existência de algo em qualquer lugar do universo. Mesmo que nunca houvesse existido um círculo ou triângulo na natureza, as verdades demonstradas por Euclides permaneceriam certas e evidentes.

A segunda espécie de objetos da razão humana, as questões de fato, não se determinam da mesma maneira, e tampouco a evidência de sua verdade, por mais forte que seja, é de natureza semelhante à anterior. O contrário de qualquer fato é sempre possível, pois jamais pode implicar contradição, e a mente o concebe com tanta facilidade e distinção quanto se fosse inteiramente conforme a realidade. A proposição *o sol não nascerá amanhã* não é menos inteligível, nem implica maior contradição do que a afirmação de que *ele nascerá*. Em vão tentaríamos, portanto, demonstrar sua falsidade. Fosse demonstrativamente falsa, ela implicaria uma contradição, e a mente jamais poderia concebê-la de modo distinto.

Assim, pode ser digno de curiosidade inquirir qual é a natureza da evidência que nos assegura de qualquer existência real ou questão de fato, além do testemunho de nossos sentidos, ao presenciá-los, ou as recordações de nossa memória. É de se notar que nem os antigos nem os modernos se tenham dedicado muito a essa parte da filosofia, de modo que nossas dúvidas e erros quando procedermos a tão importante investigação serão ainda mais desculpáveis, visto não contarmos com nenhum guia ou orientação para adentrar essas difíceis sendas. Ademais, as dúvidas e erros poderão provar-se úteis, pois, além de excitar a curiosidade, destroem a fé e a segurança tácitas que são a ruína de todo raciocínio ou livre investigação. A eventual descoberta de imperfeições na filosofia comum não será um desestímulo, presumo, mas antes um incentivo, como costuma ser, para novas tentativas na busca de algo mais completo e satisfatório do que o que até agora se trouxe a público.

Todos os raciocínios acerca de questões de fato parecem fundar-se na relação de *causa e efeito*. Apenas por meio dessa relação podemos ir além da evidência de nossa memória e sentidos. Se perguntásseis a um homem por que ele crê em algum fato que não lhe está presente, como, por exemplo, que seu amigo se encontra neste país ou na França, ele vos daria uma razão, e essa razão seria algum outro fato, como uma carta recebida ou o conhecimento prévio de suas resoluções e compromissos. Um homem que encontrasse um relógio ou qualquer outra máquina numa ilha deserta concluiria que já houve homens naquela ilha. Todos os nossos raciocínios acerca de fatos são da mesma natureza. E o que constantemente se pressupõe é que haja uma conexão entre o fato presente e o que dele se infere. Se nada os unisse, a inferência seria de todo precária. A audição de uma voz articulada ou discurso racional em meio à escuridão nos assegura da presença de alguma pessoa. Por quê? Porque tais são os efeitos da feitura ou constituição humana, e a esta são intimamente conectados. Se fizermos uma anatomia de todos os outros raciocínios dessa natureza, verificaremos que se fundam na relação de causa e efeito, e que essa relação pode ser próxima ou remota, direta ou colateral. Calor e luz são efeitos colaterais do fogo, e pode-se justificadamente inferir um efeito do outro.

Se quisermos, portanto, satisfazer-nos quanto à natureza da evidência que nos assegura das questões de fato, devemos inquirir como chegamos ao conhecimento de causa e efeito.

Ousarei afirmar, à guisa de proposição geral, sem exceções, que em nenhum caso se alcança o conhecimento dessa relação por raciocínios *a priori*, mas, pelo contrário, ele provém inteiramente da experiência, através da qual verificamos que alguns objetos particulares, sejam quais forem, se encontram constantemente unidos uns aos outros. Que se apresente um objeto a um homem dotado das mais vigorosas habilidades e razão naturais, e, caso esse objeto lhe seja inteiramente novo, nem mesmo o mais rigoroso exame de suas qualidades sensíveis o capacitará para descobrir quaisquer de suas causas ou efeitos. Adão, embora suas faculdades racionais se considerem inteiramente perfeitas desde o princípio, não poderia inferir da fluidez e transparência da água que ela o afogaria, nem da luz e do calor do fogo que ele o consumiria. Nenhum objeto jamais revela pelas qualidades que aparecem aos sentidos as causas que o produziram, nem os efeitos que dele advirão, e tampouco pode nossa razão, quando desassistida pela experiência, extrair qualquer inferência acerca de uma existência real ou questão de fato.

Esta proposição, *que causas e efeitos não são descobertos pela razão, mas pela experiência*, será prontamente admitida se nos lembrarmos de alguns objetos quando ainda nos eram inteiramente desconhecidos, pois devemos ter consciência de nossa absoluta incapacidade de predizer o que poderia deles advir. Apresentai duas peças lisas de mármore a um homem que não tenha nem as mínimas noções de filosofia natural: ele jamais descobrirá que elas aderirão uma à outra de tal maneira que será preciso aplicar-lhes grande força para separá-las em linha reta, embora ofereçam tão pouca resistência à pressão lateral. Assim também, quanto aos eventos que guardam pouca analogia com o curso ordinário da natureza, admite-se prontamente que se conhecem apenas por experiência, e nenhum homem imagina que a explosão da pólvora ou a atração da magnetita jamais possam ser descobertas por argumentos *a priori*. Da mesma maneira, quando acreditamos que um efeito depende de uma maquinaria intricada ou da estrutura secreta das partes, não temos dificuldade em atribuir todo conhecimento que dele possuímos à experiência. Quem afirmará poder dar a razão última pela qual o leite ou o pão são alimentos apropriados para o homem, mas não para um tigre ou um leão?

Mas essa mesma verdade pode não parecer à primeira vista tão evidente no que respeita a eventos com os quais nos familiarizamos desde nossa primeira aparição no mundo, que têm estreita analogia com o curso total da natureza e, ademais, segundo se supõe, dependem das qualidades simples dos objetos, não de qualquer estrutura secreta das partes. Tendemos a imaginar que descobriríamos esses efeitos pela mera operação de nossa razão, sem a experiência. Imaginamos que, se fôssemos subitamente trazidos a este mundo, poderíamos de pronto ter inferido que uma bola de bilhar comunicaria seu movimento a outra por impulso, sem precisarmos esperar pelo evento para nos pronunciarmos com certeza a seu respeito. A influência do costume é tal que, quando muito forte, não apenas encobre nossa natural ignorância, mas chega mesmo a ocultar-se, de modo a não nos parecer que tenha atuado, meramente porque se exerce em seu mais alto grau.

Mas talvez as reflexões que se seguem sejam suficientes para convencer-nos de que todas as leis da natureza e todas as operações dos corpos, sem exceção, são conhecidas apenas por experiência. Suponhamos que um objeto qualquer nos seja apresentado e nos peçam que declaremos que efeito dele resultará sem nenhuma consulta à experiência passada; de que maneira, pergunto, deve a mente proceder nessa operação? Ela deve inventar ou imaginar algum evento que atribua ao objeto como seu efeito, e é claro que essa invenção deve ser inteiramente arbitrária. Nunca é possível para a mente, mesmo com o mais minucioso exame ou inspeção, encontrar na suposta causa seu efeito. Pois o efeito é totalmente diferente da causa, e, por consequência, jamais pode ser nela descoberto. O movimento na segunda bola de bilhar é um evento muito distinto do movimento na primeira delas, e não há nada neste que sugira minimamente aquele. Se uma pedra ou peça de metal é erguida no ar e, em seguida, abandonada sem nada que lhe dê suporte, ela imediatamente cai; entretanto, se considerarmos a questão *a priori*, haverá alguma coisa que possamos descobrir nessa situação que nos dê a ideia de que a pedra ou metal realizará um movimento descendente, ou ascendente, ou em qualquer outra direção?

Assim como, relativamente a qualquer operação natural, se não consultarmos a experiência, o primeiro efeito particular que imaginarmos ou inventarmos será arbitrário, do mesmo modo devemos considerar o suposto vínculo ou conexão que une a causa e o efeito e faz com que seja impossível que qualquer outro efeito resulte da operação da mesma causa. Vejo, por exemplo, uma bola de bilhar mover-se na direção de outra em linha reta; ainda que, por suposição, o movimento da segunda bola, como resultado do contato ou impulso da primeira, me seja acidentalmente sugerido, não posso eu conceber uma centena de diferentes eventos igualmente capazes de resultar daquela causa? Não podem ambas as bolas permanecer em absoluto repouso? Não pode a primeira bola retornar em linha reta ou ricochetear na segunda em qualquer linha ou direção? Todas essas suposições são coerentes e concebíveis. Por que, então, deveríamos preferir uma às outras, que são igualmente coerentes e concebíveis? Nenhum de nossos raciocínios *a priori* será capaz de mostrar-nos um fundamento para essa preferência.

Assim, numa palavra, todo efeito consiste num evento distinto de sua causa. Não poderia, portanto, ser descoberto na causa, e a primeira concepção ou invenção que dele se faça, *a priori*, deverá ser inteiramente arbitrária. E mesmo depois que o efeito tenha sido sugerido, sua conjunção com a causa deve parecer igualmente arbitrária, visto que sempre há muitos outros efeitos que também devem parecer razoavelmente consistentes e naturais. Seria vão, portanto, pretendermos determinar qualquer evento singular ou fazer a inferência de qualquer causa ou efeito sem a assistência da observação e da experiência.

Disso podemos depreender a razão pela qual nenhum filósofo, pelo menos dentre aqueles que são racionais e modestos, jamais pretendeu designar a causa primeira de qualquer operação natural, ou mostrar distintamente a ação do poder que produz qualquer efeito particular no universo. Admite-se francamente que o máximo que a razão humana pode fazer é reduzir os princípios que produzem os fenômenos naturais a uma maior simplicidade, ou decompor os vários efeitos particulares em algumas poucas causas gerais, por meio de raciocínios com base na analogia, na experiência e na observação. Mas quanto às causas dessas causas gerais, em vão tentaríamos descobri-las, nem jamais seremos capazes de nos satisfazer com qualquer explicação particular a respeito delas. Tais origens e princípios primeiros são totalmente vedados à curiosidade e à investigação humanas. Elasticidade, gravidade, coesão de partes e comunicação de movimento por impulso são, provavelmente, as máximas causas ou princípios que descobriremos na natureza; e podemos considerar-nos suficientemente exitosos se conseguirmos, mediante investigação e raciocínio rigorosos, reconduzir os fenômenos particulares a esses princípios gerais, ou ao menos aproximá-los tanto quanto possível. A mais perfeita das filosofias naturais suspende nossa ignorância apenas para reencontrá-la um pouco mais adiante, assim como a mais perfeita das filosofias do gênero moral ou metafísico talvez sirva apenas para descobrir que essa ignorância se estende por regiões ainda mais vastas. Assim, o resultado de toda a filosofia nada mais é do que a observação da cegueira e da ignorância humanas, com as quais deparamos a cada momento, não importa o quanto tentemos delas fugir ou esquivar-nos.

Nem a geometria, quando chamada em auxílio à filosofia natural, é capaz de remediar esse defeito ou levar-nos ao conhecimento das causas primeiras, mesmo com todo o rigor dos raciocínios pelos quais é tão justamente celebrada. Cada um dos ramos das matemáticas aplicadas parte do pressuposto de que a natureza estabelece certas leis em suas operações, e os raciocínios abstratos são empregados ou para auxiliar a experiência na descoberta dessas leis, ou para determinar sua influência nos casos particulares em que isso depende de algum grau preciso de distância ou quantidade. Assim, é uma lei do movimento, descoberta pela experiência, que o momento ou força de qualquer corpo em movimento está na razão composta ou proporção de seu conteúdo sólido e sua velocidade, e, consequentemente, que uma pequena força pode remover um grande obstáculo ou erguer um grande peso se, por qualquer artifício ou mecanismo, pudermos aumentar a velocidade da força, de modo a torná-la superior à sua antagonista. A geometria nos auxilia na aplicação dessa lei, dando-nos as dimensões precisas das partes e figuras que podem constituir qualquer espécie de máquina, mas a descoberta da lei mesma deve-se meramente à experiência, e nenhum raciocínio abstrato em todo o mundo seria capaz de levar-nos sequer um passo adiante em seu conhecimento. Quando raciocinamos *a priori*, e consideramos meramente alguma causa ou objeto tal como nos aparece à mente, independente de toda observação, ele jamais pode sugerir-nos qualquer objeto que lhe seja distinto, como, por exemplo, seu efeito, muito menos mostrar-nos a conexão constante e indissolúvel que haja entre eles. Seria muito sagaz o homem que, mediante raciocínio, conseguisse descobrir que o cristal é efeito do calor, e o gelo, do frio, sem ter antes se familiarizado com as propriedades dessas qualidades.

II

Mas ainda não chegamos a nada minimamente satisfatório no tocante à questão inicialmente proposta. Cada solução suscita uma nova questão tão difícil quanto a anterior e nos leva a investigações mais além. Quando se pergunta *qual é a natureza de todos os nossos raciocínios acerca de questões de fato*, a resposta apropriada parece ser que eles se fundam na relação de causa e efeito. Quando se pergunta, então, *qual é o fundamento de todos os nossos raciocínios e conclusões acerca dessa relação*, pode-se responder com uma palavra: *experiência*. Mas se ainda levarmos adiante nossa disposição de analisar e perguntarmos *qual é o fundamento de todas as conclusões a partir da experiência*, isso implica uma nova questão que pode ser de solução e explicação mais difíceis. Os filósofos, que se dão ares de superior sabedoria e suficiência, deparam com uma tarefa difícil quando encontram pessoas de temperamento questionador, que os retiram dos abrigos em que se recolhem, com a certeza de que por fim os levarão a algum dilema perigoso. O melhor procedimento para evitar essa confusão é sermos modestos em nossas pretensões, e até trazermos nós mesmos as dificuldades à tona antes que elas nos sejam objetadas. Desse modo, podemos fazer de nossa própria ignorância uma espécie de mérito.

Contentar-me-ei, nesta seção, com uma tarefa simples, e pretenderei apenas dar uma resposta negativa à questão proposta. Digo, assim, que, mesmo depois de termos experiência das operações de causa e efeito, nossas conclusões a partir dessa experiência *não* são fundadas no raciocínio ou qualquer processo do entendimento. Esta resposta, devemos empenhar-nos em explicar e defender.

Certamente se admitirá que a natureza nos mantém a grande distância de todos os seus segredos, e nos concede apenas o conhecimento de algumas poucas qualidades superficiais dos objetos, enquanto nos oculta os poderes e princípios dos quais depende inteiramente a influência desses objetos. Nossos sentidos nos informam da cor, peso e consistência do pão; porém, nem os sentidos, nem a razão podem informar-nos das qualidades que o tornam próprio para a nutrição e sustentação do corpo humano. A visão e a sensação nos transmitem uma ideia do efetivo movimento dos corpos; porém, quanto a essa maravilhosa força ou poder que manteria um corpo em movimento para sempre em contínua mudança de lugar, e que os corpos jamais perdem, a não ser ao comunicá-lo a outros corpos, deste não podemos formar a mais remota concepção. Mas, não obstante nossa ignorância quanto aos poderes[1] e princípios naturais, sempre que vemos certas qualidades sensíveis supomos que a elas correspondem certos poderes secretos, e esperamos que a elas se sigam efeitos semelhantes àqueles dos quais tivemos experiência. Se nos for apresentado um corpo de cor e consistência semelhantes às do pão que anteriormente comemos, não hesitaremos em repetir o experimento, prevendo certamente que dele resultará semelhante nutrição e sustento. Ora, esse é um processo da mente e do pensamento cujo fundamento eu desejaria muito conhecer. Toda a gente admite que não há nenhuma conexão conhecida entre as qualidades sensíveis e os poderes secretos; e, por consequência, que não é por nada que a mente conheça da natureza dos objetos que ela é levada a formar essa conclusão a respeito da constância e regularidade de sua conjunção. Quanto à *experiência* passada, pode-se admitir que ela nos fornece informação *direta* e *certa* apenas dos objetos e do período de tempo precisos por ela encampados; mas a principal questão em que gostaria de insistir é: por que essa experiência se estenderia ao futuro e a objetos que, ao que saibamos, só em aparência podem ser semelhantes? O pão que outrora comi nutriu-me, isto é, um corpo com tais qualidades sensíveis era, naquele momento, dotado de tais poderes secretos; mas disso se segue que outro pão também deve nutrir-me em outro momento, e que semelhantes qualidades

---

[1] A palavra *poder* é aqui utilizada num sentido livre e popular. A explicação mais rigorosa da palavra traria evidência adicional ao argumento. Ver seção VII.

sensíveis devem sempre ser acompanhadas de semelhantes poderes secretos? A consequência não parece de nenhum modo necessária. Deve-se admitir, pelo menos, que aqui a mente extraiu uma consequência; certo passo foi dado, um processo de pensamento, uma inferência que precisa ser explicada. Estas duas proposições estão longe de serem as mesmas: *Verifiquei que tal objeto sempre foi acompanhado de tal efeito*; e *Antevejo que outros objetos semelhantes em aparência serão acompanhados de efeitos semelhantes*. Admitirei, se me permitirdes, que uma proposição pode ser corretamente inferida da outra; de fato sei que ela sempre é inferida. Mas se insistirdes que a inferência é feita mediante raciocínio encadeado, desejaria que me exibísseis esse raciocínio. A conexão entre aquelas proposições não é intuitiva. Necessita-se um termo médio que permita à mente extrair essa inferência, se é que de fato ela é extraída por raciocínio ou argumentos. Qual seja esse termo médio, é algo que, confesso, ultrapassa minha compreensão; e a obrigação de mostrá-lo incumbe aos que afirmam que ele realmente existe e que é a origem de todas as nossas conclusões acerca de questões de fato.

Com o passar do tempo, certamente essa argumentação negativa se tornará de todo convincente, na medida em que mais filósofos hábeis e perspicazes dirijam suas investigações nessa direção e nenhum deles jamais seja capaz de descobrir qualquer proposição conectiva ou passo intermediário que apóie o entendimento nessa conclusão. Mas como a questão ainda é nova, nenhum leitor deve confiar tanto em sua própria penetração a ponto de concluir que, porque um argumento lhe escapa à investigação, ele não existe realmente. Por essa razão, talvez seja necessário empreitar uma tarefa mais difícil: mediante enumeração de todos os ramos do conhecimento humano, buscar mostrar que nenhum deles pode proporcionar tal argumento.

Todos os raciocínios podem dividir-se em duas classes, a saber, raciocínio demonstrativo, ou aquele que concerne às relações de ideias, e raciocínio moral, ou aquele que concerne às questões de fato e existência. Que no caso não há raciocínios demonstrativos, parece evidente, visto que nenhuma eventual mudança no curso da natureza implica contradição, e que um objeto aparentemente semelhante àqueles dos quais temos experiência pode perfeitamente ser acompanhado de efeitos diferentes ou contrários. Não posso conceber clara e distintamente que um corpo que caia das nuvens e que em todos os aspectos se assemelhe à neve tenha, no entanto, o sabor do sal, ou cause a sensação do fogo? Há alguma proposição mais inteligível do que a afirmação de que todas as árvores florescerão em dezembro e janeiro e se desfolharão em maio e junho? Ora, o que quer que seja inteligível e possa ser concebido clara e distintamente não implica contradição, e jamais pode ser provado falso por qualquer argumentação demonstrativa ou raciocínio abstrato *a priori*.

Se formos, portanto, persuadidos por argumentos a depositar confiança na experiência passada e fazer dela o padrão de nossos juízos sobre o futuro, esses argumentos devem ser apenas prováveis, ou tais que digam respeito a questões de fato ou existência real, segundo a divisão acima mencionada. Mas tornar-se-á manifesto que não existe um argumento assim se nossa explicação acerca dessa espécie de raciocínio for considerada sólida e satisfatória. Afirmamos que todos os argumentos relativos à existência são fundados na relação de causa e efeito; que nosso conhecimento dessa relação provém inteiramente da experiência; e que todas as nossas conclusões experimentais são estabelecidas com base no pressuposto de que o futuro será conforme ao passado. Assentar a prova, portanto, deste último pressuposto em argumentos prováveis, ou argumentos relativos à existência, será incorrer evidentemente em circularidade, e tomar por certo precisamente o que está em questão.

Em realidade, todas as argumentações baseadas na experiência fundam-se na similaridade que descobrimos entre objetos naturais, a qual nos induz a esperar efeitos similares àqueles que verificamos seguirem-se a tais objetos. E embora somente um tolo ou um louco pretenderá disputar a autoridade da experiência, rejeitar o grande guia da humanidade, certamente pode-se aceitar que um filósofo tenha curiosidade o bastante para ao menos examinar o princípio da natureza humana que confere à experiência essa poderosa autoridade. De causas que parecem *similares*, esperamos efeitos similares. Eis o resumo de todas as nossas conclusões experimentais. Ora, parece evidente que, se essa conclusão fosse formada pela razão, seria tão perfeita em sua primeira tentativa, e baseada num único acontecimento, quanto se resultasse da mais extensa experiência. Entretanto, dá-se algo muito diferente. Não há coisas tão semelhantes entre si quanto os ovos; no entanto, ninguém espera, por conta dessa similaridade aparente, que todos eles tenham o mesmo gosto ou paladar. Somente após uma longa sequência de experimentos uniformes é que adquirimos efetiva confiança e certeza com respeito a um determinado evento. Onde, então, se encontra esse processo de raciocínio que de um só acontecimento extrai conclusão tão diversa daquela que infere de uma centena deles, em nada diferentes do primeiro? Proponho essa questão tanto pelo bem da informação quanto pela intenção de levantar dificuldades. Não posso encontrar, não posso imaginar qualquer raciocínio assim. Todavia, conservo a mente aberta à instrução, se alguém se dignar a proporcioná-la a mim.

Dever-se-ia então dizer que de certo número de experimentos uniformes *inferimos* uma conexão entre as qualidades sensíveis e os poderes secretos? Confesso que isso parece incorrer na mesma dificuldade, posta em termos diferentes. A questão se repõe: em que processo de argumentação essa *inferência* se funda? Onde está o termo médio, as ideias intermediárias que unem proposições tão distantes entre si? Todos admitem que a cor, a consistência e outras qualidades sensíveis do pão não parecem em si mesmas ter qualquer conexão com os poderes secretos da nutrição e do sustento. Do contrário, poderíamos inferir esses poderes secretos à primeira aparição daquelas qualidades sensíveis, sem o auxílio da experiência, contrariamente ao sentimento de todos os filósofos e à evidência dos fatos. Eis, portanto, nosso estado natural de ignorância com respeito aos poderes e à influência dos objetos, sem exceção. Como pode a experiência contornar essa situação? Ela apenas nos mostra certo número de efeitos uniformes resultantes de determinados objetos, e nos ensina que aqueles objetos particulares, naquele momento particular, estavam dotados de tais poderes e forças. Quando um novo objeto se apresenta, dotado de qualidades sensíveis similares, esperamos forças e poderes similares, assim como seus respectivos efeitos. De um corpo de cor e consistência semelhantes às do pão esperamos semelhante nutrição e sustento. Mas nisso a mente avança um passo que carece de explicação.

Quando um homem afirma: *Verifiquei que, em todas as ocorrências passadas, tais qualidades sensíveis estavam em conjunção com tais poderes secretos;* e quando afirma: *Qualidades sensíveis similares sempre estarão em conjunção com poderes secretos similares*, ele não incorre em tautologia, nem são essas afirmações de modo algum a mesma. Dizeis que uma proposição se infere da outra. Deveis, contudo, admitir que a inferência não é intuitiva, nem demonstrativa. De que natureza é, então? Dizer que é experimental é tomar por prova o que está em questão. Afinal, todas as inferências a partir da experiência pressupõem, como fundamento, que o futuro será semelhante ao passado, e que poderes similares estarão em conjunção com qualidades sensíveis similares. À menor desconfiança de que o curso da natureza possa mudar, e de que o passado possa não servir de regra para o futuro, toda experiência tornar-se-á inútil, e nada se poderá inferir ou concluir. É impossível, portanto, que argumentos a partir da experiência provem a semelhança do futuro com o passado, visto que todos esses argumentos fundam-se justamente no pressuposto dessa semelhança. Suponhamos que o andamento das coisas tenha sido até o presente inteiramente regular; isso, por si só, sem novo argumento ou inferência, não prova que no futuro ele continuará a sê-lo. Em vão pretendeis ter tomado conhecimento da natureza dos corpos através de vossa

DÚVIDAS CÉTICAS

experiência passada. Sua natureza secreta e, por conseguinte, seus efeitos e influências podem mudar sem que, no entanto, tenha havido qualquer mudança em suas qualidades sensíveis. Isso por vezes ocorre com alguns objetos; por que não pode ocorrer sempre com todos os objetos? Que lógica, que processo de argumentação vos assegura contra essa hipótese? A prática, dizeis, refuta minhas dúvidas. Mas perdeis o teor de minha questão. Enquanto agente, não tenho dúvidas quanto a isso, mas enquanto filósofo, já não direi cético, mas com seu quinhão de curiosidade, desejo compreender o fundamento dessa inferência. Nenhuma leitura, nenhuma investigação jamais foi capaz de remover essa minha dificuldade ou satisfazer-me quanto a uma questão de tal importância. Que mais posso fazer além de propor a dificuldade ao público, ainda que com poucas esperanças de obter uma solução? Por esse modo, se não aumentarmos nosso conhecimento, ao menos ficaremos cientes de nossa ignorância.

Devo admitir que é culpado de imperdoável arrogância quem conclui que, porque um argumento lhe escapa à própria investigação, ele não existe realmente. Também devo admitir que, ainda que todos os sábios de todas as eras tivessem se dedicado em vão à busca de respostas para certa questão, seria talvez temerário concluir positivamente que por isso a questão ultrapassa toda a compreensão humana. Mesmo que examinemos todas as nossas fontes de conhecimento e concluamos que são inadequadas para tratar de tal questão, ainda pode restar a suspeita de que a enumeração foi incompleta, ou que o exame não foi rigoroso. Mas, com relação ao presente tema, algumas considerações parecem afastar toda acusação de arrogância ou suspeita de equívoco.

É certo que até os camponeses mais ignorantes e estúpidos — assim como as crianças pequenas, ou mesmo as feras selvagens — aprimoram-se pela experiência, e sabem das qualidades dos objetos naturais pela observação dos efeitos que deles resultam. Quando uma criança sente dor ao tocar a chama de uma vela, passa a cuidar em não aproximar a mão de nenhuma outra vela, pois espera que de uma causa de aparência e qualidades sensíveis similares siga-se um efeito similar. Se afirmardes, portanto, que o entendimento da criança é levado a tal conclusão por algum processo de argumentação ou raciocínio, não será ilícito que vos rogue que exibais essa argumentação, nem tereis nenhum pretexto para recusar tão justa demanda. Não podeis dizer que a argumentação é abstrusa, que poderá escapar-vos ao exame, já que admitis que se mostra óbvia mesmo ao entendimento de uma criança. Se hesitardes, assim, por um instante sequer, ou se, após reflexão, produzirdes qualquer argumentação demasiado profunda ou intricada, de certa forma renunciais à questão, e confessais que não é o raciocínio que nos leva a pressupor a semelhança entre passado e futuro, ou que de causas aparentemente similares podemos esperar efeitos similares. Tal é a proposição que nesta seção pretendi inculcar. Se estiver correto, não julgo ter feito nenhuma grande descoberta. Se estiver errado, terei de reconhecer que sou um estudioso muito obtuso, pois não consigo identificar uma argumentação com a qual, ao que parece, já estava familiarizado muito antes de deixar o berço.

Seção 5
SOLUÇÃO CÉTICA DESSAS DÚVIDAS

I

A paixão pela filosofia, como pela religião, parece sujeita ao inconveniente de que, embora vise à correção de nossas maneiras e à extirpação de nossos vícios, se tratada de modo imprudente, pode servir apenas para nutrir uma inclinação predominante, e atrair a mente com redobrada determinação para o lado que, pelo viés e propensão naturais do temperamento, já *absorve* demasiadamente o espírito. Não há dúvidas de que, quando aspiramos à magnânima firmeza do sábio filosófico e nos empenhamos em restringir nossos prazeres inteiramente às nossas próprias mentes, podemos acabar por fazer com que nossa filosofia resulte, como a de Epiteto e outros *estoicos*, em apenas mais um sistema refinado de egoísmo, e assim persuadir-nos em contrário a toda virtude e prazer social. Quando estudamos com atenção a vacuidade da vida humana, e concentramos todos os nossos pensamentos na natureza vã e passageira das honras e riquezas, talvez estejamos ao mesmo tempo a alentar nossa natural indolência, que, odiando o alvoroço da vida mundana e a lida dos negócios, busca uma razão aparente para conceder-se total e incondicionada transigência. Há, entretanto, uma espécie de filosofia que parece pouco sujeita a esse inconveniente, e isso porque não se introduz em conjunção com nenhuma paixão desordenada da mente humana, nem pode combinar-se com qualquer afeto ou pendor naturais. Trata-se da filosofia *Cética* ou *Acadêmica*.

SOLUÇÃO CÉTICA DESSAS DÚVIDAS

Os acadêmicos sempre falam em dúvida e suspensão do juízo, no perigo das determinações precipitadas, em restringir as investigações do entendimento a limites muito estreitos, e renunciar a todas as especulações que não estejam compreendidas nos marcos da vida e da prática comuns. Nada, portanto, pode ser mais contrário do que essa filosofia à descuidada indolência da mente, à sua temerária arrogância, suas soberbas pretensões e sua supersticiosa credulidade. Ela mortifica toda paixão, exceto o amor à verdade; e mesmo esta nunca é, nem poderia ser, levada a um grau extremo. É surpreendente, portanto, que tal filosofia, que em quase todos os casos há de ser inocente e benigna, seja objeto de tantas invectivas e censuras infundadas. Mas talvez a própria circunstância que a torna tão inocente seja o principal motivo da fúria e do ressentimento públicos a que ela se expõe. Por não alentar quaisquer paixões irregulares, ganha poucos adeptos; por se opor a tantos vícios e desatinos, atrai para si uma multidão de inimigos, que a estigmatizam como libertina, profana e irreligiosa.

Tampouco precisamos temer que essa filosofia, ao buscar limitar nossas investigações à vida comum, venha em algum momento abalar os raciocínios concernentes a esta e estender suas dúvidas a tal ponto que aniquile toda ação, bem como toda especulação. A natureza sempre conservará seus direitos e acabará por prevalecer sobre todo raciocínio abstrato, seja ele qual for. Embora concluamos, como na seção anterior, por exemplo, que em todos os raciocínios baseados na experiência a mente avança um passo que não se assenta em nenhuma argumentação ou processo do entendimento, não há perigo algum de que esses raciocínios, dos quais depende quase todo o conhecimento, sejam afetados por tal descoberta. Se a mente não é levada a dar esse passo por raciocínio, deve ser induzida a fazê-lo por algum outro princípio de igual importância e autoridade, cuja influência prosseguirá inalterada enquanto a natureza humana permanecer a mesma. Qual seja esse princípio, eis algo que deve valer a pena investigar.

Suponde uma pessoa que, dotada das mais potentes faculdades de razão e reflexão, seja subitamente trazida a este mundo. Sem dúvida ela iria imediatamente observar uma sucessão contínua de objetos, e um evento seguindo-se a outro, mas não seria capaz de descobrir nada além disso. Ela não seria de pronto capaz de alcançar, mediante qualquer raciocínio, a ideia de causa e efeito, visto que os poderes particulares por meio dos quais toda operação natural se realiza nunca aparecem aos sentidos; e nem é razoável concluir, meramente porque um evento é precedido por outro numa dada ocorrência, que então um é a causa, e o outro, o efeito. Sua conjunção pode ser casual, aleatória. Não há razão para inferir a existência de um do aparecimento do outro. E, numa palavra, sem mais experiência tal pessoa jamais poderia dar uma aplicação a suas conjeturas ou raciocínios acerca de questões de fato, nem assegurar-se de qualquer coisa além do que estava imediatamente presente a seus sentidos e memória.

Suponde, novamente, que ela tenha adquirido mais experiência e tenha vivido o bastante no mundo para ter observado objetos ou eventos similares em constante conjunção. Qual é a consequência dessa experiência? Ela imediatamente infere a existência de um objeto do aparecimento do outro. Todavia não adquiriu, com toda a sua experiência, qualquer ideia ou conhecimento do poder secreto pelo qual o primeiro objeto produz o segundo; tampouco é por qualquer processo de raciocínio que ela é levada a extrair essa inferência. Ainda assim, ela se vê obrigada a extraí-la, e mesmo que a convencessem de que seu entendimento não tem parte alguma na operação, prosseguiria no mesmo modo de pensar. Algum outro princípio a determina a formar aquela conclusão.

Tal princípio é o *costume* ou *hábito*. Pois sempre que a repetição de algum ato ou operação particular gera uma propensão a reproduzir o mesmo ato ou operação, sem que para isso concorra nenhum raciocínio ou processo do entendimento, invariavelmente dizemos que tal propensão é o efeito do *costume*. Ao empregar essa palavra, não pretendemos ter fornecido a razão última da propensão. Apenas indicamos um princípio da natureza humana que é universalmente aceito e bem conhecido por seus efeitos. Talvez não possamos arrastar nossas investigações para além disso, ou pretender dar a causa dessa causa, mas, ao contrário, tenhamos de nos contentar com ela enquanto princípio último que somos capazes de assinalar relativamente a todas as nossas conclusões a partir da experiência. Já é bastante satisfatório que possamos ir tão longe sem ter de nos lamentar da estreiteza de nossas faculdades, pois elas não nos levarão além. E é certo que ao menos avançamos uma proposição bastante inteligível, se não verdadeira, quando afirmamos que, em face da conjunção constante de dois objetos — a chama e o calor, por exemplo, ou o peso e a solidez —, somos determinados unicamente pelo costume a, diante do aparecimento de um deles, esperar o outro. Tal hipótese parece mesmo ser a única que explica esta dificuldade: que extraímos de mil ocorrências uma inferência que não somos capazes de extrair de uma ocorrência singular, que em nada difere das outras. A razão não é suscetível de uma variação como essa. As conclusões que ela extrai mediante a consideração de um círculo são as mesmas que ela formaria com base no exame de todos os círculos do universo. Mas nenhum homem, tendo visto um corpo mover-se depois de impelido por outro, poderia inferir que todo e qualquer corpo se moveria em consequência de um impulso semelhante. Todas as inferências a partir da experiência, portanto, são efeitos do costume, não do raciocínio.[1]

[1] Nada é mais usual entre os autores, não importa se seus objetos são *morais*, *políticos* ou *físicos*, do que distinguir entre *razão* e *experiência*, e supor que essas espécies de argumentação são inteiramente diferentes umas das outras. As da primeira espécie são tomadas por mero resultado de nossas faculdades intelectuais, as quais, mediante consideração *a priori* da natureza das coisas, e do exame dos efeitos que devem se seguir de sua operação, estabelecem princípios particulares de ciência e filosofia. As da última, segundo se supõe, provêm inteiramente dos sentidos e da observação, mediante os quais tomamos conhecimento do que de fato resultou da operação de objetos particulares, e a partir de então inferimos o que deles resultará no futuro. Assim, por exemplo, os limites e controles do governo civil e a constituição legal podem ser defendidos tanto pela *razão*, que, ao refletir acerca da exces-

siva fraqueza e corruptibilidade da natureza humana, nos ensina que não se pode confiar autoridade ilimitada a homem algum sem incorrer em perigo, como pela *experiência* e a história, que nos informam dos enormes abusos que, segundo se verificou em todas as épocas e países, a ambição acabou por fazer de tão imprudente confiança.

Sustenta-se a mesma distinção entre razão e experiência com respeito a todas as nossas deliberações acerca da conduta da vida. Enquanto o estadista, o general, o médico e o mercador experientes recebem confiança e obediência, o aprendiz inexperiente, sejam quais forem seus talentos naturais, é tratado com desconfiança e menosprezo. Embora se admita que a razão possa fazer conjeturas muito plausíveis relativamente às consequências de uma determinada conduta em determinadas circunstâncias, ainda assim supõe-se que ela seja imperfeita sem o auxílio da experiência, que tem a capacidade exclusiva de conferir estabilidade e certeza às máximas derivadas do estudo e da reflexão.

Mas não obstante essa distinção, como vimos, ser universalmente acolhida, tanto no âmbito prático como no âmbito especulativo da vida, não hesitarei em afirmar que, na realidade, ela é errônea, ou ao menos superficial.

Se examinarmos os argumentos que, em qualquer das ciências mencionadas acima, são tidos por meros efeitos do raciocínio e da razão, verificaremos que eles finalmente se reduzem a algum princípio ou conclusão geral para o qual não podemos indicar razão alguma, a não ser a observação e a experiência. A única diferença entre eles e as máximas vulgarmente consideradas resultantes da experiência pura é que os primeiros não podem constituir-se sem algum processo do pensamento e alguma reflexão sobre o observado, a fim de distinguir suas circunstâncias e extrair suas consequências; ao passo que, quanto às últimas, o evento de que se tem experiência é completa e exatamente similar ao que inferimos como resultado de uma situação particular qualquer. A história de um Tibério ou de um Nero nos faz temer semelhante tirania caso nossos monarcas não sejam moderados pelas leis e pelos parlamentos. Mas a observação de qualquer fraude ou crueldade na vida privada, com um pequeno auxílio do pensamento, é suficiente para causar-nos a mesma apreensão, pois serve como exemplo da corruptibilidade da natureza humana em geral, e mostra-nos o perigo que corremos ao depositar uma confiança irrestrita no gênero humano. Em ambos os casos, é a experiência o fundamento último de nossa inferência ou conclusão.

Não há homem tão jovem e inexperiente que não tenha formado, a partir da observação, alguns preceitos gerais e verdadeiros acerca dos assuntos humanos e da conduta da vida; mas deve-se admitir que, quando os coloca em prática, fica extremamente sujeito a erro até que o tempo e a maior experiência ampliem esses preceitos e ensinem seu correto uso e aplicação. Em toda situação ou incidente há muitas circunstâncias particulares e apa-

SOLUÇÃO CÉTICA DESSAS DÚVIDAS

O costume, portanto, é o grande guia da vida humana. É apenas esse princípio que nos torna a experiência útil e faz com que esperemos para o futuro uma série de eventos similares aos que ocorreram no passado. Sem a experiência do costume, seríamos inteiramente ignorantes quanto a qualquer questão de fato para além do que se encontra imediatamente presente à memória e aos sentidos. Jamais saberíamos como ajustar meios a fins, ou como empregar nossos poderes naturais na produção de qualquer efeito. Seria o fim de toda ação, bem como da maior parte da especulação.

Mas aqui não seria impróprio destacar que, embora as conclusões a partir da experiência nos levem para além de nossa memória e sentidos e nos assegurem de fatos que ocorreram nos mais distantes lugares e nas mais remotas eras, ainda assim sempre deve haver algum fato presente aos sentidos ou à memória, a partir do qual possamos começar a extrair essas conclusões. O homem que encontrasse ruínas de prédios pomposos em uma região deserta concluiria que em tempos remotos aquela região fora cultivada por habitantes civilizados; contudo, se nada dessa natureza lhe aparecesse, ele jamais poderia fazer tal inferência. Através da história tomamos conhecimento dos eventos de eras passadas; mas para tanto devemos percorrer os volumes que contêm tal instrução e reconduzir nossas inferências, de testemunho a testemunho, até chegarmos às testemunhas oculares ou espectadores daqueles eventos distantes. Numa palavra, se não procedêssemos com base em algum fato presente à memória ou aos sentidos, nossos ra-

---

rentemente ínfimas que mesmo o homem mais talentoso tende, a princípio, a negligenciar, embora delas dependam inteiramente a justeza de suas conclusões e, consequentemente, a prudência de sua conduta. Para não mencionar que, para um jovem iniciante, os preceitos e observações gerais nem sempre ocorrem nas ocasiões apropriadas, nem podem ser imediatamente aplicados com a devida calma e distinção. A verdade é que um raciocinador inexperiente nem sequer poderia ser um raciocinador se essa inexperiência fosse absoluta; e quando atribuímos esse caráter a alguém, queremos dizê-lo apenas num sentido comparativo: imaginamos que ele possui experiência em menor grau, ou mais imperfeitamente que outros.

ciocínios seriam meramente hipotéticos; e ainda que os elos particulares pudessem conectar-se entre si, o encadeamento das inferências como um todo não teria nada que o sustentasse e jamais possibilitaria que chegássemos ao conhecimento de qualquer existência real. Se pergunto por que acreditais em algum fato que relatais, deveis apresentar-me alguma razão, e essa razão será algum outro fato conectado ao primeiro. Mas como não podeis proceder dessa maneira *in infinitum*, deveis finalmente remeter a algum fato presente aos vossos sentidos ou memória, ou então deveis admitir que vossa crença é inteiramente infundada.

Qual é, afinal, a conclusão disso tudo? Muito simples, embora, deve-se admitir, muito distante das teorias comuns da filosofia. Toda crença, em se tratando de questões de fato e existência real, provém meramente de algum objeto presente aos sentidos ou à memória, e de uma conjunção costumeira entre este e algum outro objeto. Ou, em outras palavras: uma vez tendo verificado que em muitos casos dois tipos quaisquer de objetos, como chama e calor, neve e frio, sempre estiveram em conjunção, se a chama ou a neve se apresentarem novamente aos sentidos, a mente será levada pelo costume a esperar calor ou frio, e a *acreditar* que tal qualidade existe e se manifestará com a maior proximidade. Essa crença é o resultado necessário de colocar-se a mente em tais circunstâncias. Trata-se de uma operação da alma que, quando nos situamos dessa maneira, é tão inevitável quanto sentir a paixão do amor, quando recebemos benefícios, ou do ódio, quando somos acometidos com injúrias. Todas essas operações são uma espécie de instinto natural, que nenhum raciocínio ou processo do pensamento ou do entendimento é capaz de produzir ou prevenir.

Neste ponto seria perfeitamente aceitável que concluíssemos nossos estudos filosóficos. A maioria das questões não permite que avancemos nem mais um passo; e, depois de nossas mais incansáveis e curiosas investigações, todas devem finalmente terminar aqui. Mas ainda assim nossa curiosidade será desculpável, se não louvável, se nos levar a estudos ainda

SOLUÇÃO CÉTICA DESSAS DÚVIDAS

mais profundos e fizer com que examinemos com maior rigor a natureza dessa *crença*, bem como da *conjunção costumeira* de que ela deriva. Dessa maneira podemos deparar com algumas explicações e analogias que trarão satisfação, ao menos para os que amam as ciências abstratas e conseguem entreter-se com especulações que, por mais rigorosas que sejam, ainda podem conservar algum grau de dúvida e incerteza. Quanto aos leitores que não têm esse gosto, a parte restante desta seção não foi prevista para eles, e as investigações posteriores podem muito bem ser compreendidas sem que ela seja levada em conta.

II

Não há nada mais livre do que a imaginação humana e, embora não possa exceder ao acervo original de ideias fornecidas pelos sentidos interno e externos, ela possui o poder ilimitado de misturar, compor, separar e dividir essas ideias em todas as variedades da ficção e da visão imaginativa. Pode fabular uma série de eventos com toda a aparência de realidade, atribuir-lhes um determinado tempo e espaço, concebê-los como existentes e figurá-los com todas as circunstâncias pertencentes a qualquer fato histórico em que se creia com a máxima certeza. Em que, portanto, consiste a diferença entre tal ficção e uma crença? Não se encontra meramente numa ideia peculiar que, anexada àquela concepção, comanda nosso assentimento — ideia que faltaria a toda ficção conhecida. Se assim fosse, visto que a mente tem autoridade sobre todas as suas ideias, poderia voluntariamente anexar essa ideia específica a qualquer ficção, e por consequência seria capaz de acreditar no que bem quisesse, contrariamente ao que verificamos na experiência diária. Na concepção, podemos juntar a cabeça de um homem ao corpo de um cavalo; todavia, não está em nosso poder acreditar que tal animal em algum momento haja realmente existido.

Segue-se, portanto, que a diferença entre *ficção* e *crença* reside em algum sentimento ou sensação que, anexada à última, mas não à primeira, não depende da vontade, nem pode ser livremente controlada. Deve ser suscitada pela natureza, como todos os demais sentimentos, e deve advir da particular situação da mente em face de uma conjuntura particular qualquer. Sempre que algum objeto se apresenta à memória ou aos sentidos, imediatamente leva a imaginação a conceber, pela força do costume, o objeto que usualmente está em conjunção com ele, e essa concepção é acompanhada de uma sensação ou sentimento diferente dos vagos devaneios da fantasia. Nisso consiste toda a natureza da crença. Pois, visto que não há dado de fato em que acreditemos tão firmemente que não possamos conceber o contrário, não haveria diferença alguma entre a concepção que recebe assentimento e a que é rejeitada, não fosse por algum sentimento que distingue uma da outra. Se vejo uma bola de bilhar movendo-se em direção a outra sobre uma mesa lisa, posso facilmente conceber que, ao encostar-se à outra, ela pare. Tal concepção não implica contradição alguma. Ainda assim, sinto-a muito diferente da concepção pela qual me represento o impulso e a comunicação do movimento de uma bola a outra.

Se tentássemos uma *definição* desse sentimento, talvez verificássemos tratar-se de tarefa muito difícil, se não impossível, assim como se buscássemos definir a sensação do frio ou a paixão da cólera para uma criatura que nunca teve experiência alguma desses sentimentos. Crença é o nome próprio e verdadeiro dessa sensação, e ninguém jamais se encontra em dificuldade para saber o significado desse termo, pois cada homem é consciente a todo momento do sentimento por ele representado. Todavia, talvez não seja impróprio tentar uma *descrição* desse sentimento, na esperança de que assim cheguemos a algumas analogias que permitam explicá-lo mais perfeitamente. Desse modo, afirmo que a crença nada mais é do que uma concepção mais vívida, vigorosa, indeclinável, firme e constante de um objeto do que a imaginação é capaz de obter por si só. Essa variedade de termos, que pode parecer tão pouco filosófica, pretende apenas exprimir o ato da mente que torna as realidades, ou o que é tomado por tal, mais presentes a nós do que as ficções, que faz com que pesem mais em nosso pensamento e lhes confere uma influência superior sobre as paixões e a imaginação. Contanto que concordemos acerca da coisa, é desnecessário disputarmos acerca dos termos. A imaginação tem autoridade sobre todas as suas ideias e pode juntá-las, misturá-las e variá-las de todos os modos possíveis. Pode conceber objetos fictícios com todas as circunstâncias de tempo e lugar. Pode colocá-los, de certa maneira, ante nossos olhos, com suas verdadeiras cores, exatamente como se tivessem existido. Mas como é impossível que essa faculdade da imaginação possa por si mesma alcançar a crença, é evidente que esta não consiste numa natureza ou ordem peculiar de ideias, mas na *maneira* de sua concepção e na *sensação* que a mente tem delas. Confesso que é impossível explicar perfeitamente essa sensação ou maneira de conceber. Podemos fazer uso de palavras que o exprimam aproximadamente. Mas seu nome próprio e verdadeiro, como já observado, é *crença*, termo este que todos compreendem suficientemente na vida cotidiana. Em filosofia, não podemos fazer mais do que afirmar que a *crença* é algo sentido pela mente, e que distingue as ideias do juízo das ficções da imaginação. Confere-lhes mais peso e influência; faz com que pareçam de maior importância; impõe-nas à mente e as torna no princípio que governa nossas ações. Neste momento, por exemplo, ouço a voz de uma pessoa que me é familiar, e o som parece vir do cômodo ao lado. Essa impressão dos meus sentidos imediatamente transporta meu pensamento à pessoa, com todos os objetos circunstantes. Figuro-os para mim mesmo como existentes neste momento com as mesmas qualidades e relações de que os sabia possuidores. Tais ideias apossam-se de minha mente de modo mais rápido do que ideias de um castelo encantado. São sentidas de modo muito diferente e exercem com muito mais força toda espécie de influência, provocando prazer ou dor, alegria ou tristeza.

Consideremos, pois, essa doutrina em todo o seu alcance, e admitamos que o sentimento de crença não é outra coisa que não uma concepção mais intensa e constante do que aquela que concerne às meras ficções da imaginação, e que essa *maneira* de conceber se origina da conjunção costumeira do objeto com algo presente à memória ou aos sentidos. Acredito que não será difícil, com base em tais suposições, encontrar outras operações da mente que lhe sejam análogas, e remontar esses fenômenos a princípios ainda mais gerais.

Já observamos que a natureza estabeleceu conexões entre ideias particulares, e que tão logo uma ideia ocorre aos nossos pensamentos, ela introduz sua correlativa e transporta nossa atenção para esta através de um movimento suave e imperceptível. Tais princípios de conexão ou associação, reduzimos a três, a saber, *semelhança*, *contiguidade* e *causalidade*, os quais são os únicos liames a unir nossos pensamentos entre si e formar aquela sequência regular de reflexão ou discurso que ocorre em maior ou menor grau em todo o gênero humano. Ora, vem daí a questão da qual dependerá a resposta à nossa atual dificuldade: dar-se-ia que, em todas essas relações, ao apresentar-se um dos objetos aos sentidos ou à memória, a mente não apenas seria levada a conceber seu correlativo, mas o conceberia de forma mais constante e forte do que de outro modo seria capaz de fazê-lo? Parece ser esse o caso da crença que se origina da relação de causa e efeito. E se o mesmo suceder com as outras relações ou princípios de associação, podemos estabelecê-lo como uma lei geral que acode a todas as operações da mente.

Podemos observar, portanto, como primeiro experimento para nosso atual propósito, que, em face do aparecimento do retrato de um amigo ausente, a ideia que temos dele evidentemente revigora-se em virtude da *semelhança*, e que toda paixão que essa ideia ocasiona, seja de alegria ou de tristeza, ganha nova força e vigor. Para a produção desse efeito concorrem uma relação e uma impressão presente. Se a pintura não tem semelhança alguma com ele, ou ao menos não pretendia representá-lo, seu efeito será no máximo desviar nosso pensamento para ele; e se ela, assim como a pessoa, estiver ausente, embora a mente possa transitar do pensamento de uma para o da outra, sentirá a ideia antes enfraquecida do que envigorada por essa transição. Quando se coloca o retrato de um amigo à nossa frente, sentimos prazer em vê-lo; no entanto, quando este é retirado, preferimos considerar o amigo diretamente ao seu reflexo em uma imagem que é tão distante e obscura quanto ele próprio.

As cerimônias da religião católica romana podem considerar-se como exemplos da mesma natureza. Os devotos dessa superstição costumam alegar, como desculpa para as momices pelas quais os censuram, que eles sentem o bom efeito daqueles movimentos, posturas e ações exteriores no avivamento de sua devoção e na excitação de seu fervor, que de outro modo, se dirigidos inteiramente a objetos distantes e imateriais, decairiam. Figuramos os objetos de nossa fé, dizem eles, em símbolos e imagens sensíveis, e assim, pela presença desses símbolos, tornamo-los mais presentes a nós do que seria possível pela mera visão ou contemplação intelectual. Objetos sensíveis sempre têm maior influência sobre a fantasia do que quaisquer outros, influência esta que prontamente transmitem para as ideias com as quais se relacionam e se assemelham. Daquelas práticas e deste raciocínio inferirei apenas que o efeito da semelhança no avivamento das ideias é muito comum; e como em cada caso devem cooperar uma semelhança e uma impressão presente, estamos supridos com abundância de experimentos para provar a realidade do princípio acima mencionado.

Podemos adicionar força a esses experimentos mediante outros de uma espécie diferente, ao considerarmos, assim como da *semelhança*, os efeitos da *contiguidade*. É certo que a distância diminui o efeito de qualquer ideia, e que, quando nos aproximamos de algum objeto, mesmo que este não se revele aos nossos sentidos, ele opera sobre a mente uma influência que imita a impressão imediata. Pensar em um objeto qualquer imediatamente transporta a mente para o que lhe seja contíguo, mas é apenas a presença de fato de um objeto que a transporta com superior vivacidade. Quando estou a poucas milhas de casa, tudo o que a ela se relaciona toca-me mais de perto do que quando estou a duzentas léguas de distância, embora mesmo a tal distância a reflexão sobre qualquer coisa na vizinhança de meus amigos ou de minha família naturalmente produza uma ideia destes. Mas como neste último caso ambos os objetos da mente são ideias, não obstante haver uma transição fácil entre eles, tal transição não é por si só capaz de conferir superior vivacidade a qualquer uma das ideias, por falta de alguma impressão imediata.[2]

Ninguém pode duvidar que a causalidade tem a mesma influência que as duas outras relações, de semelhança e contiguidade. O extraordinário apego dos supersticiosos às relíquias dos santos e beatos deve-se à mesma razão pela qual pro-

---

[2] "Naturane nobis, inquit, datum dicam, an errore quodam, ut, cum ea loca videamus, in quibus memoria dignos viros acceperimus multum esse versatos, magis moveamur, quam siquando eorum ipsorum aut facta audiamus aut scriptum aliquod legamus? Velut ego nunc moveor. Venit enim mihi Plato in mentem, quem accepimus primum hic disputare solitum: cuius etiam illi hortuli propinqui non memoriam solum mihi afferunt, sed ipsum videntur in conspectu meo hic ponere Hic Speusippus, hic Xenocrates, hic eius auditor Polemo ; cuius ipsa illa sessio fuit, quam videmus. Equidem etiam curiam nostram, Hostiliam dico, non hanc novam, quae mihi minor esse videtur postquam est maior, soleban intuens, Scipionem, Catonem, Laelium, nostrum vero in primis avum cogitare. Tanta vis admonitionis est in locis : ut non sine causa ex his memoriae deducta sit disciplina." ["Não sei dizer se é um instinto natural ou uma ilusão, mas quando vemos os lugares onde nos contam que os notáveis do passado estiveram por algum tempo, é muito mais comovente do que quando ouvimos sobre seus feitos ou lemos seus escritos. É assim que agora me comovo. Penso em Platão, que dizem ter sido o primeiro filósofo a promover discussões regulares aqui. Esses canteiros ajardinados, tão próximos de nós, não apenas trazem Platão à mente, mas parecem de fato fazê-lo aparecer ante nossos olhos. Era aqui que estavam Espeusipo, Xenócrates e seu pupilo, Polemo, que se sentava naquele banco bem ali. Mesmo quando olho para a sede de nosso Senado (refiro-me à casa original, a velha Hostília; sua ampliação parece-me antes tê-la diminuído), frequentemente penso em Cipião, Catão, Lélio, e, sobretudo, meu avô. Tal é o poder evocativo que os lugares possuem. Não admira que o cultivo da memória se baseie neles." Tradução baseada na ed. inglesa de Raphael Wolf (Cambridge Texts in the History of Philosophy) (N. do T.)] Cícero, *De Finibus*, Lib. v. ii.

SOLUÇÃO CÉTICA DESSAS DÚVIDAS

curam os símbolos e imagens para avivar-lhes a devoção e proporcionar-lhes uma concepção mais íntima e forte das vidas exemplares que desejam imitar. Ora, é evidente que uma das mais importantes relíquias que um devoto poderia conseguir seria um objeto feito pelo próprio santo, e se suas roupas e apetrechos são considerados segundo o mesmo critério, é porque já estiveram em suas mãos e foram por ele movidos e afetados, motivo pelo qual podem ser tomados como seus efeitos, ainda que imperfeitos, e como ligados a ele por uma menor cadeia de consequências do que qualquer das outras coisas pelas quais tomamos conhecimento da realidade de sua existência.

Suponde que o filho de um amigo há muito morto ou ausente vos fosse apresentado; é evidente que, em face desse objeto, sua ideia correlativa seria instantaneamente reavivada, e vos faria recordar todos os momentos de convívio e intimidade do passado em cores mais vivas do que de outro modo vos apareceriam. Eis outro fenômeno que parece comprovar o princípio acima mencionado.

Podemos observar que, nesses fenômenos, a crença no objeto correlativo está sempre pressuposta; sem ela, a relação não poderia ter efeito algum. A influência do retrato pressupõe que *acreditemos* que nosso amigo tenha existido. A contiguidade em relação a nossa casa não pode suscitar ideia alguma desta, a não ser que *acreditemos* que ela realmente existe. Pois bem, afirmo que essa crença, tanto quanto se estende além de nossa memória ou sentidos, é de natureza similar à da transição do pensamento e da vivacidade de concepção aqui explicadas, e se origina de causas similares. Quando atiro uma peça de lenha à lareira, minha mente é imediatamente levada a conceber que ela atiçará a flama, não que a extinguirá. Essa transição de pensamento da causa para o efeito não procede da razão. Sua origem está inteiramente no costume e na experiência. E como ela se inicia mediante um objeto presente aos sentidos, faz com que a ideia ou concepção da flama seja mais forte e vivaz do que qualquer devaneio vago e incerto da imaginação. A ideia surge imediatamente. O pensamento dirige-se instantaneamente a ela, transmitindo-lhe toda a força que é própria da concepção derivada de uma impressão presente aos sentidos. Se uma espada me é apontada ao peito, a ideia do ferimento e da dor não me afeta mais fortemente do que quando se me apresenta uma taça de vinho, supondo-se que por acidente tal ideia me ocorra após o aparecimento deste último objeto? Mas o que há nisso tudo para causar uma concepção tão forte, a não ser um objeto presente e uma transição costumeira para a ideia de um outro objeto, o qual costuma estar conjugado ao primeiro? Nisso consiste a totalidade da operação da mente em todas as conclusões concernentes a questões de fato e existência; e já é uma satisfação encontrar algumas analogias que permitam explicá-la. Sempre, qualquer que seja o caso, a transição suscitada por um objeto presente confere força e solidez à ideia a ele relacionada.

Eis aqui, pois, uma espécie de harmonia pré-estabelecida entre o curso da natureza e a sucessão de nossas ideias; e embora os poderes e forças que governam o primeiro nos sejam inteiramente desconhecidos, ainda assim, verificamos que nossos pensamentos e concepções percorrem inalteradamente a mesma sequência que as outras obras da natureza. O costume é o princípio pelo qual essa correspondência se efetiva, tão necessária como é à subsistência de nossa espécie e à regulação de nossa conduta em todas as circunstâncias e ocorrências da vida humana. Se a presença de um objeto não suscitasse instantaneamente a ideia dos objetos habitualmente em conjunção com ele, todo o nosso conhecimento ter-se-ia limitado à estreita esfera de nossa memória e sentidos, e jamais seríamos capazes de ajustar meios a fins ou de empregar nossos poderes naturais para produzir o bem ou evitar o mal. Os que se deleitam com a descoberta e a contemplação de *causas finais* têm aqui um vasto motivo para exercer seu espanto e admiração.

Acrescentarei, para a maior confirmação da teoria exposta, que, visto que essa operação da mente — pela qual inferimos efeitos semelhantes de causas semelhantes e vice-versa — é tão

SOLUÇÃO CÉTICA DESSAS DÚVIDAS

essencial à subsistência das criaturas humanas, não é provável que ela pudesse ser confiada às falaciosas deduções de nossa razão, que é tão lenta em suas operações, que em nenhum grau se mostra presente durante os primeiros anos da infância, e que em qualquer idade ou período da vida humana é, na melhor das hipóteses, extremamente sujeita ao erro e ao engano. É mais conforme à usual sabedoria da natureza garantir tão necessário ato da mente por meio de algum instinto ou tendência mecânica que seja infalível em suas operações, que se manifeste tão logo surja a vida e o pensamento, e que seja independente de todas as laboriosas deduções do entendimento. Assim como a natureza nos ensina a usar nossos membros sem nos dar o conhecimento dos músculos e nervos que os movem, assim também ela implantou em nós um instinto que conduz o pensamento num curso correspondente àquele que ela estabeleceu entre os objetos externos, embora sejamos ignorantes dos poderes e forças de que tal curso ou sucessão regular totalmente depende.

Seção 6
DA PROBABILIDADE[†]

EMBORA NÃO haja no mundo algo como o *acaso*, nossa ignorância da causa real de qualquer evento tem a mesma influência sobre o entendimento e produz uma crença ou opinião de espécie semelhante.

Há certamente uma probabilidade que decorre das maiores chances de ocorrência que um dos lados apresenta. E conforme essa superioridade aumenta relativamente às chances opostas e as ultrapassa, a probabilidade aumenta à mesma proporção, e gera uma crença ou assentimento ainda maior em relação ao lado em que percebemos tal superioridade. Se um dado fosse marcado com uma figura ou certo número de pontos em quatro faces e com outra figura ou número de pontos nas duas restantes, seria mais provável que a face para o alto contivesse a primeira delas do que a última; não obstante, se ele possuísse mil faces marcadas da mesma maneira e apenas uma diferente, a probabilidade seria muito maior, e tanto mais firme e resoluta seria nossa crença ou expectativa quanto ao evento. Tal processo do pensamento ou raciocínio pode parecer óbvio e trivial, mas talvez possa proporcionar matéria de curiosidade e especulação para os que o considerarem mais cuidadosamente.

[†] O sr. Locke divide todos os argumentos em demonstrativos e prováveis. Segundo esse ponto de vista, devemos dizer que é apenas provável que todos os homens devem morrer e que o sol nascerá amanhã. Mas para deixar nossa linguagem mais conforme ao senso comum, devemos dividir os argumentos em *demonstrações*, *provas* e *probabilidades*. Por provas entendemos aqueles argumentos oriundos da experiência que não deixam lugar à dúvida ou à oposição.

DA PROBABILIDADE

Parece evidente que, quando a mente busca descobrir o evento que possa resultar do lançamento de tal dado, considera que cada face tem a mesma probabilidade de cair virada para o alto; e essa é a natureza mesma do acaso, tornar todos os eventos particulares nele compreendidos inteiramente iguais. Mas ao verificar que há mais faces tendentes para um evento do que para o outro e ponderar as várias possibilidades ou chances de que depende o resultado final, a mente é com maior frequência conduzida para o primeiro, com que depara mais vezes. A coincidência de várias perspectivas quanto a um evento particular gera imediatamente, por uma trama inexplicável da natureza, o sentimento de crença, e confere a esse evento uma vantagem sobre seu antagonista, que se sustenta em menor número de perspectivas, e portanto ocorre com menos frequência à mente. Se admitirmos que a crença nada mais é do que uma concepção mais firme e forte de um objeto do que aquela que acompanha as meras ficções da imaginação, talvez essa operação possa em alguma medida explicar-se. A coincidência dessas várias perspectivas ou visões imprime mais fortemente sua ideia na imaginação, confere-lhe maior força e vigor, torna mais sensível sua influência sobre as paixões e afetos, e, numa palavra, gera a confiança ou segurança que constitui a natureza da crença e da opinião.

Dá-se o mesmo com a probabilidade das causas que com a do acaso. Algumas causas são inteiramente uniformes e constantes na produção de um efeito particular, e jamais se verificou que haja ocorrido qualquer falha ou irregularidade em sua operação. O fogo sempre queimou, e a água sempre sufocou toda criatura humana; a produção de movimento por impulso e gravidade é uma lei universal que até este momento jamais comportou exceção. Outras causas, contudo, verificaram-se mais irregulares e incertas: nem sempre o ruibarbo se demonstrou purgativo ou o ópio soporífero aos que já tomaram esses remédios. É verdade que, quando uma causa qualquer falha na produção de seu efeito usual, os filósofos não atribuem isso a qualquer irregularidade na natureza, mas supõem que causas secretas na estrutura particular das partes impediram a operação. No entanto, nossos raciocínios e conclusões acerca do evento são os mesmos que teríamos se tal princípio não existisse.

Determinados que somos pelo costume a transferir o passado para o futuro em todas as nossas inferências, sempre que o passado tenha sido inteiramente regular e uniforme temos a mais segura expectativa quanto ao evento. Mas quando diferentes efeitos se verificaram de causas exatamente similares em *aparência*, todos esses vários efeitos devem ocorrer à mente ao transferirmos o passado para o futuro e devem entrar em consideração ao determinarmos a probabilidade do evento. Embora demos preferência ao que se mostrou mais usual e acreditemos que tal efeito existirá, não devemos negligenciar os outros efeitos, mas atribuir a cada um deles um peso ou autoridade proporcional à maior ou menor frequência com que tenha ocorrido. Em quase todos os países da Europa é mais provável a ocorrência de geada em algum momento em janeiro do que a permanência do tempo aberto ao longo de todo o mês, embora essa probabilidade varie de acordo com os diferentes climas e se aproxime da certeza apenas nos reinos mais ao norte. Parece evidente, então, que, quando transferimos o passado para o futuro a fim de determinar o efeito que resultará de alguma causa, transferimos todos os diferentes eventos na mesma proporção em que apareceram no passado, e concebemos que um deles, por exemplo, tenha ocorrido uma centena de vezes, outro, dez vezes, e outro, ainda, apenas uma vez. Como aqui um grande número de visões conflui para um evento, elas o fortalecem e confirmam na imaginação, geram o sentimento que chamamos *crença*, e conferem a seu objeto uma preferência sobre o evento contrário, o qual, como não se sustenta por igual número de experimentos, não ocorre com tanta frequência ao pensamento quando da transferência do passado para o futuro. Quem quer que tente explicar essa operação da mente com base nos sistemas tradicionais de filosofia perceberá claramente as dificuldades que se apresentam.

De minha parte, estarei satisfeito se estas indicações suscitarem a curiosidade dos filósofos e os fizerem atentar para a grande imperfeição de todas as teorias correntes no trato de tão curiosos e tão sublimes assuntos.

Seção 7
DA IDEIA DE CONEXÃO NECESSÁRIA[†]

I

A grande vantagem das ciências matemáticas sobre as da moral consiste em que as ideias das primeiras, por serem sensíveis, são sempre claras e determinadas; a menor distinção entre elas é imediatamente percebida, e os mesmos termos sempre exprimem as mesmas ideias, sem ambiguidade ou variação. Uma oval nunca se confunde com um círculo, nem uma hipérbole com uma elipse. Limites mais exatos distinguem um triângulo isósceles de um escaleno do que o vício da virtude ou o certo do errado. Uma vez definido um termo em geometria, a mente de imediato e por si só em todas as ocasiões substitui a definição pelo termo definido, ou ainda, mesmo quando não se emprega definição alguma, o próprio objeto pode ser apresentado aos sentidos, de modo a ser constante e claramente apreendido. Mas os sentimentos mais delicados da mente, as operações do entendimento e as várias oscilações das paixões, embora em si mesmos distintos, escapam-nos facilmente quando inspecionados por reflexão, e não está em nosso poder recordar o objeto original todas as vezes em que necessitemos contemplá-lo. Desse modo, a ambiguidade gradualmente se introduz em nossos raciocínios,

---

[†] Nas edições K e L o título desta seção era o seguinte: *Da ideia de poder ou conexão necessária*. (N. do T.)

objetos apenas similares são de pronto tomados por iguais e a conclusão acaba por se distanciar muito das premissas.

Pode-se seguramente afirmar, contudo, que, ao considerarmos essas ciências de um ponto de vista apropriado, suas vantagens e desvantagens quase se compensam e reduzem ambas à condição de igualdade. Se a mente conserva as ideias da geometria claras e determinadas com maior facilidade, deve, no entanto, efetuar uma cadeia de raciocínio muito mais longa e intricada, e comparar ideias muito afastadas entre si para alcançar as verdades mais abstrusas dessa ciência. E se as ideias morais tendem, caso não se tome extremo cuidado, a cair na obscuridade e na confusão, nessas inquirições, entretanto, as inferências são sempre muito mais curtas, e os passos intermediários que levam à conclusão, muito menos copiosos do que nas ciências que tratam da quantidade e do número. Em realidade, dificilmente haverá em Euclides uma proposição tão simples que não contenha mais partes do que qualquer raciocínio moral, a não ser quando este resvala para a quimera e a extravagância. Se avançamos alguns poucos passos no rastreamento dos princípios da mente humana, já podemos sentir-nos bastante satisfeitos com nosso progresso, dada a prontidão com que a natureza se interpõe a todas as nossas investigações acerca de causas e nos reduz ao conhecimento de nossa ignorância. O maior obstáculo, portanto, ao nosso progresso nas ciências morais ou metafísicas está na obscuridade das ideias e na ambiguidade dos termos. A principal dificuldade nas matemáticas está na extensão das inferências e no alcance de pensamento necessários para se formar qualquer conclusão. E talvez o maior embaraço ao nosso progresso na filosofia natural seja a falta de experimentos e fenômenos apropriados, os quais muitas vezes se descobrem por acaso, e nem sempre podem ser encontrados quando precisos, mesmo em investigações que se cercam do máximo cuidado e diligência. Como a filosofia moral até o momento parece ter progredido menos do que a geometria ou a física, podemos concluir que, se quanto a isso há uma diferença entre essas ciências, a superação das dificuldades que obstruem o progresso da primeira requer cuidado e capacidade superiores.

Dentre as ideias que ocorrem na metafísica, nenhuma é mais obscura e incerta do que as de *poder*, *força*, *energia* ou *conexão necessária*, das quais a todo momento é necessário tratar em nossas inquirições. Nesta seção procuraremos, portanto, fixar, se possível, o significado preciso desses termos, de modo a afastar parte da tão lamentada obscuridade dessa espécie de filosofia.

Parece fora de toda controvérsia a proposição segundo a qual todas as nossas ideias nada mais são do que cópias de nossas impressões, o que é o mesmo que afirmar, em outras palavras, que nos é impossível *pensar* em algo que não tenhamos antes *sentido*, seja pelos nossos sentidos externos, seja pelo interno. Tenho procurado[1] explicar e provar essa proposição, e tenho manifestado minha esperança de que, mediante sua correta aplicação, os homens possam alcançar maior clareza e precisão nos raciocínios filosóficos do que até agora conseguiram. Ideias complexas talvez possam ser bem conhecidas por definição, pois esta nada mais é do que a enumeração das partes ou ideias simples que as compõem. Mas quando já reconduzimos as definições às ideias mais simples e ainda encontramos alguma ambiguidade ou obscuridade, que recurso nos resta então? Por meio de que artifício podemos lançar luz sobre essas ideias e torná-las inteiramente precisas e determinadas à percepção intelectual? Que se mostrem as impressões ou sentimentos originais de que tais ideias se copiaram. Essas impressões são sempre fortes e sensíveis. Não admitem ambiguidades. Não apenas colocam a si próprias em plena luz, como também podem lançar luz sobre as suas ideias que lhes correspondem e que eventualmente permaneçam obscuras. E desse modo talvez possamos obter um novo microscópio, ou uma nova espécie de óptica no âmbito das ciências morais, por meio da qual as ideias mais simples e diminutas possam ser de tal maneira ampliadas que caiam imediatamente em nossa

[1] Ver seção II.

DA IDEIA DE CONEXÃO NECESSÁRIA

compreensão e se conheçam tão bem quanto as ideias mais vultosas e perceptíveis que se sujeitam à nossa investigação.

Para nos familiarizarmos completamente, portanto, com a ideia de poder ou conexão necessária, examinemos sua impressão; e para encontrar a impressão com maior certeza, procuremos por ela em todas as fontes de que possa derivar.

Quando olhamos em redor, para os objetos externos, e consideramos a operação das causas, nunca somos capazes, em face de um só caso, de descobrir qualquer poder ou conexão necessária, ou qualquer qualidade que ligue o efeito à causa e faça com que um seja a consequência infalível do outro. Em verdade, verificamos apenas que um de fato se segue ao outro. O impulso de uma bola de bilhar é sucedido pelo movimento da outra. Eis tudo o que aparece aos sentidos *exteriores*. A mente não experimenta nenhum sentimento ou impressão *interior* dessa sucessão de objetos. Consequentemente, não há nada em qualquer caso singular ou particular de causa e efeito que possa sugerir a ideia de poder ou conexão necessária.

Dessa primeira aparição de um objeto não podemos presumir o efeito que dele resultará. Mas se o poder ou energia de qualquer causa pudesse ser descoberto pela mente, poderíamos antever o efeito, mesmo sem experiência, e à primeira ocorrência nos pronunciaríamos com certeza acerca dele meramente por força do pensamento e do raciocínio.

Em realidade, não há parte alguma da matéria que nos revele por meio de suas qualidades sensíveis qualquer poder ou energia, ou que nos autorize imaginar que algo será produzido ou seguir-se-á a ela, tal que possamos denominar seu efeito. Solidez, extensão e movimento são qualidades completas em si mesmas e nunca apontam para qualquer outro evento que possa delas resultar. As cenas que o universo apresenta mudam continuamente, e um objeto se segue a outro em ininterrupta sucessão, porém o poder ou a força que impulsiona a máquina como um todo permanece-nos inteiramente oculta, e jamais se manifesta em qualquer das qualidades corpóreas. Sabemos que de fato o calor acompanha constantemente a flama, mas não há nada que nos permita sequer conjeturar ou imaginar qual seja a conexão entre eles. É impossível, portanto, que a ideia de poder possa ser derivada da contemplação dos corpos no caso de uma única manifestação de suas operações, pois nenhum corpo jamais exibe qualquer poder que possa consistir no original dessa ideia.[2]

Assim, visto que os objetos externos, tal como aparecem aos sentidos, não nos fornecem qualquer ideia de poder ou conexão necessária através de suas operações em casos particulares, vejamos se essa ideia não é derivada da reflexão sobre as operações de nossa própria mente, copiada de alguma impressão interna. Pode-se dizer que a todo momento estamos conscientes de um poder interno, pois sentimos que, pelo simples comando de nossa vontade, podemos mover os órgãos de nosso corpo, ou controlar as faculdades de nossa mente. Um ato de volição produz movimento em nossos membros ou suscita uma nova ideia em nossa imaginação. Tal influência da vontade conhecemos através da consciência. É daí que adquirimos a ideia de poder ou energia e a certeza de que nós mesmos e todos os demais seres inteligentes possuímos poder.[3] Essa ideia, portanto, é uma ideia da reflexão, uma vez que se origina do ato de refletir sobre as operações de nossa própria mente, e sobre o comando que a vontade exerce tanto sobre os órgãos do corpo como sobre as faculdades da alma.

Examinaremos essa hipótese primeiramente com respeito à influência da volição sobre os órgãos do corpo. Tal influência, como podemos observar, é um fato que, como todos os demais

---

[2] O sr. Locke, na seção em que trata do poder, afirma que, ao verificarmos por experiência que há inúmeras novas produções na matéria, e concluirmos que deve haver em algum lugar um poder capaz de produzi-las, acabamos por chegar, mediante tal raciocínio, à ideia de poder. Mas nenhum raciocínio jamais pode fornecer-nos uma ideia simples que seja nova ou original, como admite o próprio filósofo. Por conseguinte, essa não pode ser a origem daquela ideia.

[3] Nas edições K e L havia a seguinte frase intercalada: "As operações e a influência mútua dos corpos são, talvez, suficientes para provar que eles também o possuem". (N. do T.)

DA IDEIA DE CONEXÃO NECESSÁRIA

eventos naturais, somente pode ser conhecido por experiência e jamais pode ser antevisto em alguma energia ou poder que esteja aparente na causa e a conecte com o efeito, fazendo com que este seja consequência infalível daquela. O movimento de nosso corpo sucede ao comando de nossa vontade. A todo momento temos consciência disso. Mas o meio pelo qual isso se efetua, a energia por meio da qual a vontade executa tão extraordinária operação, disso estamos longe de ter consciência imediata, a tal ponto que provavelmente escapará a todas as nossas investigações, mesmo as mais diligentes.

Pois, *primeiramente*, haverá na natureza princípio mais misterioso do que a união da alma com o corpo, através da qual uma suposta substância espiritual adquire tanta influência sobre outra, material, que o mais refinado pensamento capacita-se a afetar a mais bruta matéria? Se fôssemos dotados, por algum desígnio secreto, da capacidade de remover montanhas ou controlar as órbitas dos planetas, esse imenso poder ainda não seria mais misterioso ou mais distante de nossa compreensão do que aquele princípio. No entanto, se pela consciência percebêssemos qualquer poder ou energia na vontade, decerto conheceríamos esse poder; certamente conheceríamos sua conexão com o efeito; conheceríamos, certamente, a secreta união da alma com o corpo, assim como a natureza de ambas essas substâncias, pela qual uma é capaz de operar de tantas maneiras sobre a outra.

Em segundo lugar, não somos capazes de mover todos os órgãos do corpo com igual autoridade, embora não possamos indicar razão alguma, além da experiência, para uma diferença tão notável entre uns e outros. Por que a vontade tem influência sobre a língua e os dedos, e não sobre o coração ou o fígado? Essa questão jamais nos embaraçaria se fôssemos conscientes de um poder que atua no primeiro caso, e não no último. Nessa condição, perceberíamos, independentemente de qualquer experiência, por que a autoridade da vontade sobre os órgãos do corpo se restringe a certos limites particulares. Familiarizados que estaríamos com o poder ou força pela qual a vontade opera, também saberíamos por que sua influência se estende precisamente a tais limites, e não além.

Um homem subitamente afetado por paralisia nas pernas ou nos braços, ou que tenha recentemente perdido esses membros, no princípio busca movê-los e empregá-los do modo habitual. Nesse caso, ele é tão consciente do poder de comandar tais membros quanto um homem perfeitamente saudável é consciente do poder de mover qualquer membro em seu estado e condição naturais. No entanto, a consciência nunca engana. Consequentemente, nem em um caso, nem no outro temos consciência de qualquer poder. Aprendemos a influência de nossa vontade apenas com a experiência. E esta nos ensina apenas que um evento se segue constantemente a outro, sem nos instruir da conexão secreta que os une e torna inseparáveis.

Em terceiro lugar, aprendemos com a anatomia que, no movimento voluntário, o objeto imediato do poder não é o próprio membro movido, mas certos músculos, nervos e espíritos animais — e talvez algo ainda mais diminuto e desconhecido — através dos quais o movimento se propaga até o próprio membro que a volição objetivava imediatamente mover. Pode haver prova mais patente de que o poder pelo qual se executa toda essa operação, longe de ser direta e plenamente conhecido por uma consciência ou sentimento interior, é inteiramente misterioso e ininteligível? Ocorre que a mente deseja certo evento; imediatamente produz-se outro evento, que nos é desconhecido e totalmente diverso do pretendido; esse evento produz outro, igualmente desconhecido; até que, finalmente, através de longa sucessão, produz-se o evento desejado. Mas se o poder original fosse sentido, haveria de ser conhecido, e se o fosse, seu efeito também o seria, visto que todo poder é relativo a seu efeito. E vice-versa, se o efeito não for conhecido, o poder não pode ser nem conhecido, nem sentido. Com efeito, como podemos ter consciência de um poder de mover nossos membros quando não temos tal poder, mas apenas o de mover certos espíritos animais, os quais, embora finalmente produzam o movimento de nossos membros, ainda

DA IDEIA DE CONEXÃO NECESSÁRIA

assim operam de uma maneira que está além de toda a nossa compreensão?

Disso tudo podemos concluir, segundo espero, sem qualquer temeridade, se não com segurança, que nossa ideia de poder não é copiada de qualquer sentimento ou consciência de poder em nós mesmos, quando damos origem ao movimento animal ou empregamos nossos membros nos usos ou funções que lhes são próprios. Assim como outros eventos naturais, é matéria da experiência ordinária que seus movimentos seguem o comando da vontade. Porém o poder ou energia pelo qual isso se efetua, assim como aquele que atua nos outros eventos naturais, é-nos desconhecido e inconcebível.[4]

Afirmaremos, então, que somos conscientes de um poder ou energia em nossas mentes quando, por um ato ou comando de nossa vontade, suscitamos uma nova ideia, determinamos a mente à sua contemplação, examinamo-la sob todos os aspectos e, finalmente, quando pensamos tê-la examinado com suficiente justeza, descartamo-la em prol de alguma outra ideia? Creio que os mesmos argumentos provarão que esse comando da vontade também não nos fornece nenhuma ideia real de força ou energia.

---

[4] Pode-se pretender que a resistência que encontramos nos corpos, por obrigar-nos frequentemente a exercer nossa força e concentrar todo o nosso poder, dá-nos a ideia de força e poder. É nesse *nisus*, esse vigoroso esforço do qual somos conscientes, que consiste a impressão original de que aquela ideia se copia. Mas, *primeiramente*, atribuímos poder a uma vasta gama de objetos em que jamais podemos supor que essa resistência ou exercício de força ocorra: ao Ser Supremo, que jamais encontra qualquer resistência; à mente, em seu comando sobre as ideias e os membros no pensamento e no movimento ordinários, quando o efeito segue-se imediatamente à vontade, sem qualquer exercício ou concentração de força; ou à matéria inanimada, que não é capaz de tal sentimento. *Em segundo lugar*, esse sentimento de um esforço para a superação de uma resistência não possui nenhuma conexão conhecida com evento algum — o que se segue a ele, conhecemos por experiência, mas não poderíamos conhecer *a priori*. Deve-se confessar, contudo, que o *nisus* animal que experimentamos, ainda que não possa proporcionar nenhuma ideia rigorosa e precisa de poder, harmoniza-se muito bem com a ideia vulgar e inexata que dele formamos.

Primeiramente, deve-se admitir que, quando conhecemos um poder, conhecemos precisamente aquela circunstância na causa que a torna capaz de produzir o efeito; pois, segundo se supõe, trata-se de sinônimos. Devemos conhecer, portanto, não só a causa e o efeito, mas também a relação entre ambos. Pretenderemos, contudo, estar familiarizados com a natureza da alma humana e a natureza de uma ideia, ou com a aptidão de uma para produzir a outra? Isso é uma verdadeira criação, uma produção de algo a partir de nada; o que implica um poder tão grande que pode parecer, à primeira vista, além do alcance de qualquer ser que não seja infinito. Ao menos se deve reconhecer que tal poder não é sentido, nem conhecido e nem mesmo concebível pela mente. Apenas sentimos o evento, isto é, a existência de uma ideia consecutiva a um comando da vontade. Mas a maneira como essa operação se executa, o poder pelo qual ela se produz, isso está além de nossa compreensão.

Em segundo lugar, o comando da mente sobre si mesma é limitado, assim como seu comando sobre o corpo; e esses limites não são conhecidos por razão, nem por qualquer familiaridade com a natureza da causa e do efeito, mas por experiência e observação, como acontece em todos os demais eventos naturais e na operação dos corpos externos. Nossa autoridade sobre nossos sentimentos e paixões é muito mais fraca do que a que temos sobre nossas ideias; e mesmo esta última autoridade confina-se em limites muito estreitos. Pretenderá alguém determinar a razão última desses limites, ou expor por que o poder é imperfeito em um caso, e não no outro?

Em terceiro lugar, esse comando sobre si é muito diferente em diferentes momentos. O homem são o possui em maior grau do que aquele que definha na doença. Somos mais senhores de nossos pensamentos pela manhã do que à noite; mais em jejum do que após uma refeição completa. Podemos nós dar alguma razão para essas variações, a não ser a experiência? Onde, então, está o poder de que pretendemos ser conscientes? Não haverá aqui, seja numa substância espiritual ou material, seja em ambas, algum mecanismo ou estrutura secreta das par-

DA IDEIA DE CONEXÃO NECESSÁRIA

tes, da qual depende o efeito e que, por ser-nos inteiramente desconhecida, faz com que o poder ou energia da vontade sejam igualmente desconhecidos e incompreensíveis?

Sem dúvida a volição é um ato da mente com o qual estamos bastante familiarizados. Refleti sobre ela. Considerai-a em todos os aspectos. Encontrai na volição algo que se assemelhe a esse poder criativo pelo qual ela suscita uma nova ideia do nada, de modo a imitar, com uma espécie de *fiat*, a onipotência de seu Criador — se me for lícito expressar-me assim —, o qual deu existência a todas as várias faces da natureza? Longe de sermos conscientes de tal energia na vontade, é preciso, ao contrário, essa inequívoca experiência que possuímos para convencer-nos de que efeitos tão extraordinários possam resultar de um simples ato de volição.

A maior parte dos homens não encontra dificuldade em dar uma explicação satisfatória para as operações mais comuns e usuais da natureza — como a queda dos corpos pesados, o crescimento das plantas, a geração animal ou a nutrição dos corpos pelo alimento. Mas suponde que em todos esses casos eles percebam a própria força ou energia da causa que faz com que esta seja conectada a seu efeito e infalivelmente o opere. O hábito prolongado os leva a adquirir uma certa disposição mental, de modo que, assim que a causa aparece, esperam com absoluta certeza o surgimento do que costuma acompanhá-la, e dificilmente imaginarão possível que qualquer outro evento se suceda. Apenas quando descobrem fenômenos extraordinários, como os terremotos, a pestilência ou quaisquer outros prodígios, é que se sentem incapazes de atribuir uma causa satisfatória para tais efeitos e explicar a maneira pela qual se produzem. É comum, nessas dificuldades, os homens imputarem a algum princípio inteligente invisível[5] a causa imediata do evento que os surpreende, o qual consideram que não possa ser explicado pelos poderes ordinários

---

[5] "Quasi deus ex machina." Cícero, De natura deorum. [Nota introduzida na edição K. A referência autoral do trecho foi acrescentada na edição L. (N. do T.)

da natureza. Mas os filósofos, que sempre avançam um pouco mais em seus exames, imediatamente percebem que, mesmo nos eventos mais habituais, a energia da causa é tão ininteligível quanto nos mais extraordinários, e que é apenas por experiência que aprendemos a *conjunção* frequente dos objetos, sem que jamais sejamos capazes de abranger qualquer *conexão* entre eles. Eis então que muitos filósofos se imaginam obrigados a recorrer em todas as ocasiões àquele mesmo princípio para o qual o vulgo somente apela em casos que pareçam miraculosos e sobrenaturais. Reconhecem a mente e a inteligência não apenas como causa última e original de todas as coisas, mas como causa única e imediata de todos os eventos que aparecem na natureza. Pretendem que os objetos que normalmente se denominam causas não passam de *ocasiões*, e que o princípio direto e imediato de todo efeito não é qualquer poder ou força na natureza, mas uma volição do Ser Supremo, que determina que esses objetos particulares estejam sempre em conjunção uns com os outros. Em vez de dizerem que uma bola de bilhar move outra por meio de uma força derivada do autor da natureza, é a própria Deidade, dizem, que por uma volição particular move a segunda bola, sendo a isso determinada pelo movimento da primeira bola, em consequência das leis gerais que estabeleceu para si mesma na regência do universo. Os filósofos, porém, conforme avançam ainda mais em suas investigações, descobrem que, assim como somos totalmente ignorantes do poder de que depende a mútua operação dos corpos, não somos menos ignorantes do poder de que depende a operação da mente sobre o corpo, ou do corpo sobre a mente; nem tampouco os sentidos ou a consciência nos tornam mais capazes de assinalar o princípio último neste caso. A mesma ignorância, portanto, os reduz à mesma conclusão. Afirmam que a Deidade é a causa imediata da união entre a alma e o corpo, e que não são os órgãos do sentido que, afetados por objetos exteriores, produzem sensações na mente, mas uma volição particular do Criador onipotente, que engendra determinada sensação em virtude de determinado movimento no órgão. Da mesma maneira, não é qualquer energia na vontade que produz movimento local em nossos membros; é o próprio Deus que se apraz em secundar nossa vontade, em si mesma impotente, e comandar o movimento que por equívoco atribuímos a nosso poder e eficácia particulares. Mas os filósofos também não se detêm nessa conclusão. Por vezes estendem a mesma inferência à própria mente em suas operações internas. A visão mental ou concepção que temos de uma ideia nada mais é do que uma revelação que nos é feita por nosso Criador. Quando voluntariamente dedicamos nossos pensamentos a um objeto qualquer e suscitamos sua imagem na fantasia, não é a vontade que cria essa ideia; é o Criador universal que a desvela para a mente e a apresenta a nós.

Assim, de acordo com esses filósofos, todas as coisas estão plenas de Deus. Não contentes com o princípio de que nada existe, a não ser por sua vontade, e de que nada possui qualquer poder, a não ser por sua concessão, roubam todo o poder à natureza e à totalidade dos seres criados, com o fim de tornar sua dependência da Deidade ainda mais patente e imediata. Não consideram que com essa teoria diminuem, ao invés de aumentar, a grandeza desses atributos que tanto afetam exaltar. Certamente demonstra mais poder a Deidade delegar certo grau de poder a criaturas inferiores do que produzir tudo por sua própria volição imediata. Demonstra mais sabedoria ter concebido desde o início toda a textura do mundo com presciência tão absoluta que este pudesse servir, por si mesmo e por sua própria operação, a todos os propósitos da providência, do que se o grande Criador fosse todo o tempo obrigado a ajustar as suas partes e a animar com seu sopro toda a engrenagem dessa máquina estupenda.

Mas se quiséssemos uma refutação mais filosófica dessa teoria, talvez bastassem as duas seguintes reflexões:

Primeiramente, parece-me que essa teoria da energia e atuação universais do Ser Supremo é demasiadamente pretensiosa para levar convicção a um homem suficientemente advertido da fraqueza da razão humana e dos estreitos limites a que esta se restringe em todas as suas operações. Mesmo que a cadeia de argumentos que conduz a ela fosse perfeitamente lógica, ainda assim provavelmente surgiria uma forte suspeita, se não uma absoluta certeza, de que ela nos levou muito além do alcance de nossas faculdades, visto resultar em conclusões excessivamente incomuns e afastadas da vida e da experiência ordinárias. Somos arrastados ao mundo da fantasia muito antes de termos chegado aos últimos passos de nossa teoria; e *lá* não temos razão para confiar nos métodos comuns de argumentação, nem para presumir que nossas analogias e probabilidades habituais tenham qualquer autoridade. Nosso prumo é demasiado curto para sondar profundezas tão abissais. E por mais que nos vangloriemos de que a cada passo somos guiados por uma espécie de verossimilhança ou experiência, podemos estar certos de que essa suposta experiência não tem autoridade alguma se a aplicamos desse modo a assuntos inteiramente afastados da esfera da experiência. Mas disso teremos oportunidade de tratar mais adiante.[6]

Em segundo lugar, não consigo perceber força alguma nos argumentos em que essa teoria se funda. Ignoramos, é verdade, a maneira como os corpos afetam uns aos outros; sua força ou energia é inteiramente incompreensível. Mas não somos igualmente ignorantes da maneira ou força pela qual a mente, mesmo a Mente Suprema, atua tanto sobre si mesma como sobre o corpo? De onde, eu vos indago, adquirimos qualquer ideia disso? Não temos sentimento ou consciência desse poder em nós mesmos. Não temos ideia do Ser Supremo, a não ser o que aprendemos por reflexão sobre nossas próprias faculdades. Portanto, se nossa ignorância fosse uma boa razão para rejeitarmos qualquer coisa, seríamos levados àquele princípio que nega toda energia no Ser Supremo, como na mais bruta matéria. Certamente compreendemos tão pouco as operações de um quanto as do outro. Será mais difícil conceber que o mo-

---

[6] Seção XII.

DA IDEIA DE CONEXÃO NECESSÁRIA

vimento possa provir do impulso do que da volição? Tudo que conhecemos é nossa profunda ignorância em ambos os casos.[7]

II

Mas apressemos a conclusão deste argumento, que já se estendeu demasiadamente: temos procurado em vão por uma ideia de poder ou conexão necessária em todas as fontes de que poderíamos supor que esta derivasse. Parece que, por mais que investiguemos, jamais podemos descobrir em casos isolados outra coisa que não um evento seguindo-se a outro, sem sermos capazes de abarcar qualquer força ou poder mediante o qual a causa atue, nem qualquer conexão entre ela e seu suposto efeito. A mesma dificuldade ocorre na contemplação das operações da mente sobre o corpo — observamos o movimento deste seguir-se à volição daquela, mas não somos capazes de observar ou conceber o laço que une o movimento à volição, ou a energia por meio da qual a mente produz esse

---

[7] Não é necessário examinar em profundidade a *vis inertiae*, de que tanto se tem falado na nova filosofia e que é atribuída à matéria. Verificamos por experiência que um corpo em repouso ou em movimento permanece no mesmo estado até que uma nova causa o retire de sua atual condição; e do mesmo modo sabemos que um corpo, ao ser impelido, toma ao corpo impelente tanta força quanto ele próprio adquire. Isso são fatos. Quando chamamos a isso de *vis inertiae*, apenas assinalamos esses fatos, sem pretendermos possuir qualquer ideia do poder inerte, assim como, quando falamos de gravidade, referimo-nos a certos efeitos, sem que compreendamos esse poder ativo. Jamais foi intenção de *sir* Isaac Newton retirar toda a força e energia das causas segundas, ainda que alguns de seus seguidores tenham pretendido assentar tal teoria em sua autoridade. Ao contrário, o grande filósofo recorreu a um fluido ativo etéreo para explicar a atração universal, embora tenha sido bastante cauteloso e modesto para admitir tratar-se de mera hipótese, que não se deveria enfatizar antes da realização de mais experimentos. Devo confessar que há algo um tanto extraordinário no destino das opiniões. Descartes sugeriu, sem muita ênfase, a doutrina da eficácia única e universal da Deidade. Malebranche e outros cartesianos fizeram disso a base de toda a sua filosofia. Essa doutrina, contudo, não teve influência alguma na Inglaterra. Locke, Clarke e Cudworth nem sequer a notaram; pelo contrário, supunham todos que a matéria possuía um poder real, embora subordinado e derivado. Como foi que se tornou tão predominante entre nossos metafísicos modernos?

efeito. A autoridade da vontade sobre suas próprias faculdades e ideias não é nem um pouco mais compreensível. De modo que, em suma, não ocorre em toda a natureza um único caso de conexão que nos seja concebível. Todos os eventos parecem inteiramente disjuntos e separados. Um evento segue-se a outro, mas nunca podemos observar qualquer vínculo entre eles. Parecem estar *em conjunção*, mas nunca *conectados*. E como não podemos ter ideia de qualquer coisa que nunca tenha aparecido para o nosso sentido externo ou para o nosso sentimento interno, a conclusão necessária *parece* ser que não temos absolutamente nenhuma ideia de conexão ou poder, e que essas palavras não têm qualquer significado, seja quando utilizadas em raciocínios filosóficos, seja quando empregadas na vida cotidiana.

Contudo, resta ainda um método para evitar essa conclusão, e uma fonte que ainda não examinamos. Quando algum objeto ou evento natural se apresenta, por maior que seja nossa sagacidade ou penetração, sem a experiência não nos é possível descobrir, nem mesmo conjeturar que evento dele resultará, nem podemos ter a antevisão de algo além do objeto imediatamente presente à memória ou aos sentidos. Mesmo depois de observarmos que em certo caso ou experimento um dado evento se segue a outro, ainda não nos é lícito formar uma regra geral ou predizer o que ocorrerá em casos semelhantes, pois com justiça considera-se imperdoável temeridade julgar quanto a ordem total da natureza a partir de um único experimento, por mais exato ou seguro que seja. Mas quando uma espécie particular de evento sempre esteve, em todos os casos, em conjunção com outro, já não hesitamos em predizer, em face do aparecimento de um, o do outro, nem em empregar o único raciocínio que pode nos dar certeza quanto a qualquer questão de fato ou existência. Assim, chamamos um objeto de *causa*, e o outro, de *efeito*. Presumimos que haja alguma conexão entre eles, algum poder no primeiro, mediante o qual ele infalivelmente produz o último e atua com a máxima exatidão e a mais forte necessidade.

DA IDEIA DE CONEXÃO NECESSÁRIA

Ao que parece, então, a ideia de uma conexão necessária entre eventos decorre da ocorrência de certo número de casos similares em que esses eventos estão constantemente em conjunção, ideia esta que não pode ser sugerida por qualquer um deles isoladamente, por mais que o examinemos em todos os seus aspectos e posições. Mas não há nada em certo número de casos que seja diferente de cada caso singular, visto que se supõem exatamente similares, exceto que, após a repetição de casos similares, a mente é levada pelo hábito, em face da aparição de um evento, a esperar a aparição de seu acompanhante habitual, e acreditar que ele existirá. Essa conexão, portanto, que *sentimos* na mente, essa transição costumeira que a imaginação faz de um objeto para seu acompanhante habitual, é o sentimento ou impressão a partir da qual formamos a ideia de poder ou conexão necessária. Não há nada além disso nessa questão. Contemplai o assunto em todos os seus ângulos; jamais encontrareis qualquer outra origem para aquela ideia. Tal é a única diferença entre um caso isolado, do qual nunca podemos receber a ideia de conexão, e certo número de casos similares, pelos quais ela é sugerida. Ao ver pela primeira vez a comunicação do movimento por impulso, como, por exemplo, no choque entre duas bolas de bilhar, nenhum homem poderia declarar que um evento era *conectado* ao outro, mas apenas que este estava *em conjunção* com aquele. Somente após ter observado vários casos dessa natureza é que um homem pode declarar que eles são *conectados*. Que alteração ocorreu para dar origem a essa nova ideia de *conexão*? Nada, exceto que ele *sente* esses eventos como *conectados* em sua imaginação, e pode imediatamente predizer a existência de um a partir do aparecimento do outro. Quando dizemos, portanto, que um objeto é conectado a outro, queremos apenas exprimir que eles adquiriram uma conexão em nosso pensamento, e assim suscitam essa inferência, mediante a qual cada um torna-se prova da existência do outro. Conclusão que não deixa de ser um tanto extraordinária, mas que é fundamentada pela evidência suficiente. E sua evidência não se enfraquecerá pela difidência do entendimento ou pela desconfiança cética quanto a toda conclusão nova e extraordinária, pois não há conclusões mais agradáveis ao ceticismo do que as que trazem descobertas acerca da fraqueza e da estreiteza dos limites da razão e da capacidade humanas.

E poderia haver exemplo mais forte da surpreendente ignorância e fraqueza do entendimento do que esse que apresentamos? Pois, se há uma relação entre objetos que nos importa conhecer em perfeição, esta seguramente é a de causa e efeito. Nisso se fundam todos os nossos raciocínios acerca de questões de fato e existência. É tão-somente por meio dela que chegamos a nos certificar de objetos distantes do testemunho corrente de nossa memória ou sentidos. A única utilidade imediata de todas as ciências é ensinar-nos como controlar e ajustar eventos futuros por intermédio de suas causas. É nessa relação, portanto, que de alguma maneira concentramos, a todo momento, nossos pensamentos e inquirições; e, não obstante, são tão imperfeitas as ideias que formamos acerca disso que não nos é possível fornecer qualquer definição precisa de causa, a não ser por derivação daquilo que lhe é extrínseco e alheio. Objetos semelhantes entre si estão sempre em conjunção com outros objetos igualmente semelhantes entre si. Disso temos experiência. Em conformidade com essa experiência, portanto, podemos definir uma causa como *um objeto, seguido por outro, tal que todos os objetos semelhantes ao primeiro são seguidos por objetos semelhantes ao segundo*. Ou ainda, em outras palavras, *tal que, se o primeiro objeto não houvesse vindo a ser, o segundo jamais haveria existido*. O aparecimento de uma causa sempre transporta a mente, por uma transição costumeira, à ideia do efeito. Disso também temos experiência. Podemos, portanto, em conformidade com essa experiência, formar uma outra definição de causa, e dizer que *é um objeto a que outro se segue, e cujo aparecimento sempre transporta o pensamento para esse outro*. Mas embora ambas as definições se extraiam de circunstâncias estranhas à causa, não há como esquivar-nos desse inconveniente ou

DA IDEIA DE CONEXÃO NECESSÁRIA

alcançar definição mais perfeita, que aponte para a própria circunstância que, na causa, proveja-a de uma conexão com seu efeito. Não temos ideia dessa conexão, nem sequer alguma noção distinta do que é que desejamos conhecer quando tentamos concebê-la. Dizemos, por exemplo, que a vibração desta corda é a causa deste som específico. Mas o que queremos dizer com essa afirmação? Ou queremos dizer que *a esta vibração segue-se este som, e a todas as vibrações similares têm-se seguido sons similares*; ou que *a esta vibração segue-se este som, e diante do aparecimento de um, a mente se antecipa aos sentidos e forma imediatamente a ideia do outro*. Podemos considerar a relação de causa e efeito à luz de qualquer uma dessas concepções; para além disso, porém, não temos dela ideia alguma.[8]

---

[8] De acordo com essas explicações e definições, a ideia de *poder* é tão relativa quanto a de *causa*; e ambas fazem referência a um efeito ou algum evento em constante conjunção com outro. Quando consideramos a circunstância *desconhecida* de um objeto pela qual se fixa e determina o grau ou a quantidade do efeito que ele provoca, dizemos que isso é o poder que ele tem. E de fato todos os filósofos admitem que o efeito é a medida do poder. Mas se eles tivessem qualquer ideia do poder tal como é em si mesmo, por que não o mediriam em si mesmo? A controvérsia quanto a se a força de um corpo em movimento equivale à sua velocidade ou ao quadrado de sua velocidade, tal controvérsia, digo, não precisaria ser decidida mediante comparação de seus efeitos em tempos iguais ou desiguais, mas por uma medida ou comparação direta.

Quanto ao frequente uso das palavras Força, Poder, Energia etc., que em toda parte ocorre, tanto na conversação ordinária quanto na filosofia, isso não constitui prova de que estejamos familiarizados com o princípio de conexão entre causa e efeito em qualquer caso, ou de que no final das contas possamos explicar a produção de uma coisa por outra. Essas palavras, tais como são usadas comumente, possuem sentidos muito vagos anexos a si, e suas ideias são muito incertas e confusas. Nenhum animal pode colocar corpos externos em movimento sem o sentimento de um *nisus* ou esforço; e todo animal tem um sentimento ou sensação relativa ao choque ou embate com um corpo externo em movimento. Tais sensações, que são meramente animais, e das quais nada podemos inferir *a priori*, tendemos a transferir para os objetos inanimados, e supor que eles têm alguma sensação semelhante quando comunicam ou recebem movimento. Com relação às energias que se exercem sem que lhes anexemos qualquer ideia de movimento comunicado, o que ocorre é que consideramos apenas a constante experiência da

Recapitulemos, pois, os raciocínios desta seção: Toda ideia é copiada de alguma impressão ou sentimento que a precedeu, e quando não conseguimos encontrar nenhuma impressão, podemos ter certeza de que não há nenhuma ideia. Em todos os casos isolados da atuação de corpos ou mentes, não há nada que produza nenhuma impressão, e consequentemente nada que sugira a ideia de poder ou conexão necessária. Mas quando aparecem muitos casos uniformes, e ao mesmo objeto segue-se sempre o mesmo evento, então começamos a cogitar a noção de causa e conexão. Desde então, *sentimos* um novo sentimento ou impressão, a saber, uma conexão costumeira no pensamento ou imaginação entre um objeto e seu habitual acompanhante; e esse sentimento é o original da ideia pela qual procuramos. Pois, como a ideia decorre de certo número de casos semelhantes, e não de qualquer caso isolado, deve provir precisamente da circunstância quanto à qual os casos tomados em certo número diferem de cada caso tomado individualmente. Mas essa conexão ou transição costumeira da imaginação é a única circunstância quanto à qual diferem. Em tudo o mais são indistinguíveis. O primeiro caso de movimento comunicado pelo choque entre duas bolas de bilhar que testemunhamos (para retomar a ilustração óbvia) guarda perfeita semelhança com qualquer outro caso desses que nos ocorra atualmente, com a única diferença de que a princípio não poderíamos *inferir* um movimento do outro, o que agora, após longa sucessão de experiências uniformes, estamos capacitados para fazer. Não sei se o leitor compreenderá imediatamente esse raciocínio. Receio que, se eu multiplicasse as palavras ou examinasse a questão em diversos outros aspectos, faria apenas torná-la mais obscura e intricada. Em todos os raciocínios abstratos há um ponto de vista que, se tivermos a fe-

conjunção dos objetos, e como *sentimos* uma conexão costumeira entre as ideias, transferimos essa sensação aos objetos, pois nada é mais usual do que aplicar a corpos externos toda sensação interna que eles ocasionam. [Esta nota foi introduzida a partir da edição L, da qual não constava o segundo parágrafo, introduzido a partir da Edição N. (N. do T.)]

licidade de alcançar, a ilustração do objeto nos permite ir mais além do que o permitiria toda a eloquência e exuberância de expressão do mundo. Devemos procurar alcançar esse ponto de vista e reservar as flores da retórica para assuntos que lhes sejam mais propícios.

Seção 8

DA LIBERDADE E DA NECESSIDADE

I

Seria razoável esperar-se, acerca de questões minuciosamente examinadas e debatidas com grande fervor desde os primórdios da ciência e da filosofia, que, entre os debatedores, houvesse concordância ao menos quanto ao sentido de todos os termos empregados; e que em dois mil anos nossas investigações houvessem sido capazes de passar das palavras para o tema real e verdadeiro da controvérsia. Afinal, não parece mais fácil dar definições exatas para os termos empregados nos raciocínios e fazer com que essas definições, e não o mero som das palavras, sejam dali em diante o objeto de avaliação e exame? Mas se considerarmos o problema mais de perto, tenderemos a chegar à conclusão oposta. Em face tão somente desta circunstância, que uma controvérsia tenha se sustentado por tanto tempo e ainda permaneça irresoluta, podemos presumir que há alguma ambiguidade de expressão, que os debatedores anexam diferentes ideias aos termos empregados na controvérsia. Pois, visto que se supõe que as faculdades da mente são naturalmente semelhantes entre os indivíduos — ou do contrário nada poderia ser mais infrutífero do que raciocinar em conjunto ou debater — seria impossível, uma vez afixadas as mesmas ideias àqueles termos, que por tanto tempo os homens continuassem a formar opiniões diferentes do mesmo objeto, especialmente quando comunicam suas visões, e cada grupo rebusca todos os lados à procura de argumentos que lhe

DA LIBERDADE E DA NECESSIDADE

deem a vitória sobre seus antagonistas. É verdade que, se os homens intentam discutir questões inteiramente fora do alcance da capacidade humana, tais como as que concernem à origem dos mundos, à economia do sistema intelectual ou ao reino dos espíritos, podem por muito tempo debater-se em controvérsias infrutíferas e jamais chegar a qualquer conclusão determinada. Mas se a questão diz respeito à vida ordinária e à experiência, pensar-se-ia que nada poderia ter feito com que a controvérsia permanecesse irresoluta por tanto tempo, a não ser algumas expressões ambíguas que ainda mantivessem os antagonistas distantes entre si e os impedissem de enfrentar-se.

Esse parece ter sido o caso da longa controvérsia acerca da questão da liberdade e da necessidade, e em grau tão notável que, se eu não estiver muito enganado, verificaremos que toda a humanidade, quer seja esclarecida, quer ignorante, sempre foi da mesma opinião com respeito a esse assunto, e algumas poucas definições inteligíveis já bastariam para de imediato pôr fim a toda a controvérsia. Admito que essa disputa já foi objeto de tantos exames minuciosos por toda a gente, e levou os filósofos a tal labirinto de sofismas obscuros que não será de admirar se o leitor for indulgente com a própria tranquilidade e fizer ouvidos moucos à proposta dessa questão, da qual não pode esperar nem instrução, nem entretenimento. Mas o modo como o argumento é aqui proposto talvez sirva para reavivar a sua atenção: como apresenta mais novidade, ao menos promete alguma decisão da controvérsia, e não perturbará muito a sua tranquilidade com raciocínios intricados e obscuros.

Espero, portanto, tornar claro que todos os homens sempre acreditaram tanto na doutrina da necessidade como na da liberdade, em qualquer sentido razoável que se dê a esses termos; e que toda essa controvérsia até agora se concentrou meramente em palavras. Iniciaremos pelo exame da doutrina da necessidade.

Admite-se universalmente que a matéria, em todas as suas operações, é impelida por uma força necessária, e que todo

HUME

efeito natural é determinado pela energia de sua causa com tanta precisão que não seria possível que dela resultasse qualquer outro efeito naquelas circunstâncias particulares. As leis da natureza prescrevem o grau e a direção de todo movimento com tamanha exatidão, que não é mais provável o choque de dois corpos produzir um movimento em grau ou direção diverso daquele de fato produzido do que dele resultar uma criatura viva. Para formarmos, portanto, uma ideia justa e precisa de *necessidade*, devemos considerar de onde essa ideia provém quando a aplicamos à operação dos corpos.

Parece evidente que, se todas as cenas da natureza mudassem constantemente de maneira que jamais houvesse semelhança entre dois eventos quaisquer, e cada objeto fosse inteiramente novo, sem nenhuma similitude com o que quer que já se houvesse visto, nesse caso jamais alcançaríamos ideia alguma de necessidade ou de uma conexão entre os objetos, por mais vaga que fosse. Em tal hipótese, diríamos que um objeto ou evento sucede a outro, e não que um foi produzido pelo outro. A relação de causa e efeito seria absolutamente desconhecida do gênero humano. A partir de então, a inferência e o raciocínio acerca das operações da natureza estariam findos, e a memória e os sentidos restariam os únicos canais pelos quais o conhecimento de qualquer existência real poderia penetrar a mente. Portanto, nossa ideia de necessidade e causalidade provém inteiramente da uniformidade que se observa nas operações da natureza, em que objetos similares estão em constante conjunção, e o costume determina a mente a inferir um do aparecimento do outro. Essas duas circunstâncias formam toda a necessidade que atribuímos à matéria. Além da constante *conjunção* de objetos similares e da consequente *inferência* de um em face do outro, não temos mais nenhuma ideia de necessidade ou conexão.

Se, portanto, emergir que todo o gênero humano sempre concordou, sem qualquer dúvida ou hesitação, que essas duas circunstâncias se verificam nas ações voluntárias dos homens e nas operações da mente, deve seguir-se que todo o gênero

DA LIBERDADE E DA NECESSIDADE

humano sempre concordou quanto à doutrina da necessidade, e que foi meramente por não entenderem uns aos outros que os homens até o momento disputaram acerca disso.

Para satisfazer-nos quanto à primeira circunstância, a conjunção constante e regular de eventos similares, bastam as observações que se seguem. É universalmente reconhecido que há uma grande uniformidade entre as ações dos homens em todos os tempos e nações, e que a natureza humana permanece a mesma em seus princípios e operações. Os mesmos motivos sempre produzem as mesmas ações; os mesmos eventos se seguem às mesmas causas. Ambição, avareza, amor-próprio, vaidade, amizade, generosidade, espírito público: paixões que, misturadas em graus diversos e distribuídas pelo interior da sociedade, têm sido desde o princípio do mundo, e ainda são, as fontes de todas as ações e empreendimentos que já se observaram entre os homens. Desejais conhecer os sentimentos, as inclinações e o transcurso da vida dos gregos e romanos? Estudai bem o temperamento e as ações dos franceses e ingleses; não há como errardes muito se transferirdes aos primeiros *a maioria* das observações que fizestes a respeito dos últimos. Tanto o gênero humano permanece o mesmo em todos os tempos e lugares que a história não nos informa nada de novo ou extraordinário quanto a esse particular. Sua principal utilidade está apenas em manifestar os princípios constantes e universais da natureza humana, ao mostrar os homens nas mais diversas circunstâncias e situações, e prover-nos de material do qual possamos formar nossas observações e nos familiarizar com as fontes regulares da ação e do comportamento humanos. Todos esses registros de guerras, intrigas, facções e revoluções são coleções de experimentos, mediante os quais o político ou o filósofo moral fixa os princípios de sua ciência, da mesma maneira que o médico ou o filósofo natural se familiariza com a natureza das plantas, minerais e outros objetos exteriores por meio dos experimentos que forma quanto a eles. A terra, a água e os outros elementos examinados por Aristóteles e Hipócrates não são mais semelhantes aos que atualmente observamos do que os homens descritos por Políbio e Tácito o são relativamente aos que hoje governam o mundo.

Se, ao retornar de um país longínquo, um viajante trouxesse relatos sobre homens completamente diversos de todos aqueles com quem já tivemos contato, homens inteiramente desprovidos de avareza, ambição ou desejo de vingança, que não conhecem nenhum prazer que não a amizade, a generosidade e o espírito público, por essas circunstâncias detectaríamos imediatamente a sua falsidade, e o denunciaríamos como mentiroso com a mesma certeza que se ele houvesse enchido sua narrativa de histórias de centauros e dragões, milagres e prodígios. E se pretendermos desbaratar uma falsidade qualquer em matéria de história, não poderemos recorrer a argumento mais convincente do que a evidenciação de que as ações atribuídas a algum personagem são diretamente contrárias ao curso da natureza, e que em tais circunstâncias nenhum motivo humano poderia induzi-lo a tal conduta. A veracidade de Quinto Curcio Rufo é de se duvidar tanto quando ele descreve a coragem sobrenatural com que Alexandre se atirou sozinho no enfrentamento de multidões como quando descreve a força e a energia sobrenaturais com que este foi capaz de resistir a elas. Reconhecemos a uniformidade dos motivos e ações humanos com a mesma imediatez e universalidade com que o fazemos relativamente às funções do corpo.

Daí também a vantagem daquele tipo de experiência adquirida com a longevidade e a diversidade das ocupações e companhias para a nossa instrução quanto aos princípios da natureza humana e para a orientação de nossa futura conduta, assim como de nossas especulações. Por meio desse guia, ascendemos ao conhecimento das inclinações e motivos dos homens, com base em suas ações, expressões e mesmo seus gestos, para então descermos novamente à interpretação de suas ações a partir do conhecimento de seus motivos e inclinações. As observações gerais reunidas através desse tipo de experiência fornecem-nos orientações quanto à natureza humana e ensinam-nos a desenredar suas complexidades. Pretextos e aparências não nos enganam mais. Declarações públicas passam a ser vistas como disfarces especiosos da verdadeira causa. E ainda que se dê o devido peso à virtude e à honra, o perfeito desinteresse que com tanta frequência se afeta não é de se esperar em multidões e partidos jamais; em seus líderes, encontra-se raramente; e é incomum na generalidade dos indivíduos, qualquer que seja sua classe ou situação. Mas se não houvesse uniformidade alguma nas ações humanas, e todos os experimentos desse gênero que pudéssemos conceber fossem irregulares e anômalos, seria impossível reunir quaisquer observações gerais acerca dos homens; e nenhuma experiência, por mais que a submetêssemos ao exame rigoroso da reflexão, jamais serviria a qualquer propósito. Por que o agricultor ancião é mais habilidoso em seu ofício do que o jovem iniciante, senão porque há certa uniformidade no modo como o sol, a chuva e a terra atuam sobre a produção de vegetais, e a experiência ensina ao velho oficial as regras que dirigem e governam esses modos de atuação?

Não devemos, contudo, esperar que essa uniformidade das ações humanas tenha tal abrangência que todos os homens nas mesmas circunstâncias ajam sempre precisamente da mesma maneira, sem que se faça qualquer concessão à diversidade de caracteres, preconceitos e opiniões. Uniformidade assim, que abranja todo e qualquer particular, não se encontra em parte alguma da natureza. Ao contrário, a observação da diversidade de condutas entre diferentes homens nos capacita para formar uma maior variedade de máximas, as quais, no entanto, igualmente pressupõem certo grau de uniformidade e regularidade.

Os homens diferem quanto às maneiras em diferentes épocas e países? Aprendemos daí a grande força do costume e da educação, que moldam a mente humana desde a infância e dão-lhe feições conformes a um caráter fixo e estabelecido. O comportamento e a conduta de um sexo são muito dessemelhantes aos do outro? É daí que nos familiarizamos com os diferentes caracteres que a natureza imprimiu aos diferentes sexos e que ela preserva com constância e regularidade. As ações de uma mesma pessoa são muito diversas em diferentes períodos de sua vida, desde a infância até a velhice? Isso dá espaço para muitas observações gerais acerca da mudança gradual por que passam nossos sentimentos e inclinações, e das diferentes máximas que prevalecem nas diferentes idades das criaturas humanas. Mesmo os caracteres que são peculiares a cada indivíduo guardam certa uniformidade em sua influência, ou do contrário o convívio com as pessoas e a observação de sua conduta jamais nos ensinariam suas disposições ou serviriam para orientar nosso comportamento com relação a elas.

Admito que é possível encontrar algumas ações que parecem não ter nenhuma conexão regular com quaisquer motivos conhecidos, e que são exceções a todas as medidas de conduta já estabelecidas para a orientação dos homens. Mas se queremos verdadeiramente saber que juízo formar dessas ações irregulares e extraordinárias, podemos considerar os sentimentos que normalmente se têm a respeito dos eventos irregulares que aparecem no curso da natureza e nas operações dos objetos exteriores. As causas não apresentam todas a mesma uniformidade na conjunção com seus efeitos habituais. Um artesão que lida apenas com a matéria inanimada está tão sujeito a frustrar-se em seus objetivos quanto o político que dirige a conduta de agentes dotados de consciência e inteligência.

O vulgo, que toma as coisas como primeiro lhe aparecem, atribui a inconstância dos eventos a uma inconstância nas causas, que faz com que estas falhem em sua influência habitual, mesmo que não haja nada que as impeça de atuar. Mas os filósofos, ao observarem que em quase todas as partes da natureza há uma vasta gama de influxos e princípios que permanecem ocultos em virtude de sua pequenez ou afastamento, verificam que é ao menos possível que a ocorrência de eventos contrários não proceda de qualquer contingência na causa, mas da operação secreta de causas contrárias. Essa possibilidade se converte em certeza com o avanço da observação, quando reparam que, sob exame rigoroso, a contrariedade de efeitos sempre evidencia uma contrariedade de causas e procede de sua mútua oposição. Um camponês não pode fornecer uma razão melhor para um relógio fixo ou de bolso ter parado do que a afirmação de que ele não costuma funcionar bem. Mas um relojoeiro facilmente percebe que a mesma força que atua no balancim ou no pêndulo exerce sempre a mesma influência sobre as engrenagens, porém a falha em seu efeito habitual pode se dever a um grão de poeira que tenha paralisado todo o movimento. Da observação de vários casos paralelos, os filósofos formam a máxima de que a conexão entre as causas e os efeitos, em sua totalidade, é igualmente necessária, e a aparente inconstância que se verifica em alguns casos procede da secreta oposição de causas contrárias.

Assim, por exemplo, no tocante ao corpo humano, quando os sintomas habituais de saúde ou doença frustram nossas expectativas; quando os medicamentos não atuam com seus poderes costumeiros; ou quando eventos irregulares se seguem a uma causa qualquer, o filósofo e o médico não se surpreendem com isso, nem jamais ficam tentados a negar em geral a necessidade e a uniformidade dos princípios que regem a economia animal. Sabem que o corpo humano é uma máquina poderosa e complexa; que nele se ocultam muitos poderes secretos que estão inteiramente afastados de nossa compreensão; que é provável que ele nos pareça muitas vezes incerto em suas operações; e que, portanto, os eventos irregulares que se manifestam externamente não constituem evidência de que as leis da natureza não são observadas com a máxima regularidade em sua organização e suas operações internas.

O filósofo, se quiser ser coerente, deve aplicar o mesmo raciocínio às ações e volições dos agentes dotados de inteligência. As decisões mais irregulares e inesperadas que os homens adotam não raro podem ser explicadas pelos que conhecem cada circunstância particular de seu caráter e situação. Uma pessoa de temperamento amável dá uma resposta atravessada: é que está com dor de dente, ou não jantou. Um sujeito soturno manifesta excepcional alacridade em seus modos: é que teve inesperadamente alguma boa-venturança. E mesmo quando uma ação não pode ser particularmente explicada, como ocorre algumas vezes, nem pela própria pessoa, nem por outrem, sabemos, de modo geral, que os caracteres dos homens são em certo grau inconstantes e irregulares. De certa maneira, tal é o constante caráter da natureza humana, embora isso se aplique especialmente a algumas pessoas que não têm nenhuma regra de conduta estabelecida, mas, ao contrário, procedem continuamente conforme o capricho e a inconstância. É possível que os princípios e motivos internos operem de maneira uniforme, não obstante as aparentes irregularidades, assim como se supõe que os ventos, chuvas, nuvens e outras variações climáticas sejam regidos por princípios constantes, embora não seja fácil descobri-los mediante o exame e a sagacidade humanos.

Assim, parece que não só a conjunção entre motivos e ações voluntárias é tão regular e uniforme quanto a que existe entre causa e efeito em qualquer parte da natureza, mas também que essa conjunção regular é universalmente reconhecida entre os homens, e jamais foi objeto de disputa, nem na filosofia, nem na vida ordinária. Pois bem, como é da experiência passada que extraímos todas as inferências acerca do futuro, e como concluímos que estarão sempre em conjunção os objetos que verificamos sempre terem estado nessa condição, pode parecer supérfluo provar que essa uniformidade experimentada nas ações humanas é uma fonte de *inferências* acerca destas. Contudo, para examinar o argumento em aspectos mais diversos, insistiremos, ainda que brevemente, neste último tópico.

Em todas as sociedades os homens dependem tanto uns dos outros que dificilmente alguma ação humana se exaure inteiramente em si mesma ou se realiza sem a necessidade de que ações de terceiros concorram para que ela cumpra plenamente o propósito do agente. O mais pobre dos artesãos, o que trabalha isoladamente, espera ao menos a proteção do magistrado para assegurar-lhe o gozo dos frutos de seu trabalho. Ele também espera, quando levar seus produtos ao mercado e oferecê-los a preço justo, encontrar compradores, e ter condições de utilizar o dinheiro obtido para conseguir que outras pessoas o supram dos bens necessários à sua subsistência. À medida que os homens expandem o comércio e suas inter-relações se tornam mais complexas, seus modos de vida passam a incluir a expectativa de que, dadas as motivações adequadas, um número cada vez maior de ações voluntárias coopere com as suas. Em todas essas inferências, tomam a experiência passada como medida, da mesma maneira que o fazem em seus raciocínios acerca dos objetos exteriores, e acreditam firmemente que os homens, assim como os elementos, continuarão a ser os mesmos de sempre em seus modos de atuar. O proprietário de manufatura não conta menos com o labor de seus serviçais do que com as ferramentas que emprega para a execução do trabalho, e ficaria igualmente surpreso se suas expectativas se frustrassem quanto a uns ou quanto aos outros. Em resumo, a inferência ou raciocínio experimental quanto às ações dos outros está de tal modo inserido na vida humana que ninguém que esteja desperto deixa de empregá-lo por um momento sequer. Não tenho razão, portanto, para afirmar que todo o gênero humano sempre concordou quanto à doutrina da necessidade segundo a definição ou explicação acima?

Tampouco os filósofos jamais sustentaram a esse respeito opinião diversa da gente comum. Pois, além de todas as ações de suas vidas pressuporem essa opinião, há mesmo poucas áreas especulativas do saber às quais ela não seja essencial. O que seria da história se não pudéssemos confiar na veracidade do historiador com base na experiência que temos do gênero humano? Como a *política* poderia ser uma ciência, se as leis e as formas de governo não exercessem uma influência uniforme sobre a sociedade? Onde estaria o fundamento da *moral*, se caracteres específicos não tivessem o poder certo ou determinado de produzir sentimentos específicos, e se esses sentimentos não operassem de nenhuma maneira constante sobre as ações? E com que finalidade exerceríamos a *crítica* a respeito de um poeta ou autor refinado, se não pudéssemos declarar a conduta e os sentimentos de suas personagens natural ou não, dados os seus caracteres e circunstâncias? Parece quase impossível, portanto, aplicar-se à ciência ou executar-se qualquer ação sem reconhecer a doutrina da necessidade, bem como essa *inferência* que vai dos motivos às ações voluntárias, dos caracteres à conduta.

E de fato, se considerarmos a exatidão com que as evidências *moral* e *natural* se conjugam e formam um só encadeamento de argumentos, não hesitaremos em admitir que são da mesma natureza e derivam dos mesmos princípios. Um prisioneiro que não tenha nem dinheiro, nem influência, verifica a impossibilidade de fuga tanto quando considera a obstinação do carcereiro como quando considera os muros e grades que o cercam, e sempre que tenta alcançar a liberdade, prefere manipular as rochas e o ferro destes a lidar com a natureza inflexível daquele. A certeza com que o mesmo prisioneiro, quando escoltado ao cadafalso, antevê sua morte, não se baseia menos na constância e fidelidade de seus sentinelas do que na operação do machado ou da roda. Sua mente percorre uma determinada série de ideias: a recusa dos sentinelas em consentir sua fuga; a ação do algoz; a separação de sua cabeça do corpo; sangramento, movimentos convulsivos e morte. Eis um encadeamento coeso de causas naturais e ações voluntárias; mas a mente não percebe nenhuma diferença entre elas ao passar de um elo a outro; nem tem menos certeza do evento futuro do que o teria se ele estivesse conectado com os objetos presentes à memória ou aos sentidos por uma série de causas unidas pelo que convimos chamar de necessidade *física*. A união experimentada exerce o mesmo efeito sobre a mente, quer sejam seus objetos motivos, volições e ações, quer sejam figura e movimento. Podemos mudar os nomes das coisas, mas sua natureza e sua operação sobre o entendimento nunca mudam.

Se um homem que sei ser honesto e opulento, e com quem convivo em amizade íntima, adentrar minha residência, onde estou rodeado de serviçais, não temo que ele me apunhale antes de ir-se embora, a fim de roubar-me o tinteiro de prata; e não espero esse evento mais do que o desmoronamento de minha própria casa, que é nova, de sólidas fundações e construção — *mas ele pode ter sido tomado de um súbito e desconhecido frenesi* — assim como pode ocorrer um súbito terremoto que chacoalhe minha casa e a faça vir abaixo. Mudarei, portanto, os pressupostos. Direi que sei com certeza que ele não porá suas mãos no fogo e as manterá ali até que se consumam, e esse evento julgo que posso predizer com a mesma segurança que isto: se ele se atirar pela janela e não encontrar obstáculo, não permanecerá por um momento sequer suspenso no ar. Nenhuma suspeita de um frenesi desconhecido pode atribuir a menor possibilidade ao primeiro evento, que é tão contrário a todos os princípios conhecidos da natureza humana. Um homem que abandone sua valise cheia de ouro ao meio-dia na calçada de Charing-Cross pode com a mesma certeza esperar que ela sairá voando como uma pluma ou que a encontrará intacta uma hora depois. Cerca de metade dos raciocínios humanos contêm inferências de natureza semelhante, ligadas a maiores ou menores graus de certeza, proporcionalmente à experiência que temos da conduta habitual dos homens nessas situações particulares.[1]

Tenho frequentemente considerado qual poderia ser a razão pela qual a totalidade do gênero humano, conquanto tenha sempre admitido sem hesitar a doutrina da necessidade em todas as suas práticas e raciocínios, todavia tem demonstrado tanta relutância em admiti-la em palavras, e, ao contrário, tem manifestado, em todos os tempos, uma propensão a apregoar a opinião contrária. A questão, segundo creio, pode esclarecer-se da maneira que se segue. Se examinarmos as operações do corpo e também a produção de efeitos a partir de suas causas, verificaremos que nossas faculdades não podem nos levar a conhecer dessa relação além da observação de que objetos particulares estão em *conjunção constante*, e que

---

[1] Parágrafo acrescentado apenas na última edição corrigida (Edição o). (N. do T.)

a mente é transportada, mediante uma *transição costumeira*, do aparecimento de um à crença no outro. Mas embora essa conclusão acerca da ignorância humana resulte do mais estrito exame desse tema, os homens ainda conservam uma forte propensão a acreditar que penetram os poderes da natureza para além desse limite, e que percebem algo como uma conexão necessária entre a causa e o efeito. Quando tornam a dedicar suas reflexões às operações da mente e não *sentem* nenhuma conexão assim entre o motivo e a ação, tendem então a supor que há uma diferença entre os efeitos resultantes da força material e os que provêm do pensamento e da inteligência. Mas uma vez convencidos de que não conhecemos nada acerca de causalidade alguma além da mera *conjunção constante* de objetos e a consequente inferência que a mente faz de um a outro, e uma vez que verifiquemos que é universalmente reconhecido que essas duas circunstâncias ocorrem nas ações voluntárias, podemos convencer-nos mais facilmente de que a mesma necessidade é comum a todas as causas. E ainda que esse raciocínio contradiga os sistemas de muitos filósofos quando atribui necessidade às determinações da vontade, verificaremos, em reflexão cuidadosa, que sua discordância está apenas nas palavras, não em seus sentimentos reais. A necessidade, no sentido em que aqui a tomamos, jamais foi refutada por qualquer filósofo, e creio que jamais poderá sê-lo. O que talvez se possa sustentar é que a mente é capaz de perceber nas operações da matéria alguma conexão mais profunda entre causa e efeito, conexão esta que não ocorre nas ações voluntárias dos seres inteligentes. Porém se isso é ou não verdade só se poderá saber mediante exame rigoroso, e incumbe aos referidos filósofos legitimá-la, fornecendo a definição ou a descrição dessa necessidade e evidenciando-a nas operações das causas materiais.

Em verdade, parece que se começa pelo lado errado da questão acerca da liberdade e da necessidade quando se inicia a abordagem pelo exame das faculdades da alma, da influência do entendimento e da atuação da vontade. Que se discuta primeiramente uma questão mais simples, a saber, as operações dos corpos e da matéria bruta ininteligente, e se verifique se é possível formar qualquer ideia de causalidade ou necessidade que não a de uma conjunção constante de objetos e a posterior inferência que a mente realiza, de um para o outro. Se de fato toda a necessidade que concebemos na matéria consiste nessas circunstâncias, e caso se reconheça universalmente que estas ocorrem nas operações da mente, a disputa chegou ao fim, ou ao menos deve-se admitir que daqui para diante não será mais do que verbal. Mas enquanto teimarmos em supor que temos alguma ideia mais profunda de necessidade e causalidade nas operações dos objetos externos, ao passo que nas ações voluntárias da mente não podemos encontrar nada além do que já se disse, então, enquanto procedermos sob tão errôneo pressuposto, não há como trazer a questão a bom termo. A única maneira de desiludirmo-nos é movermo-nos para um ponto mais elevado e examinarmos a estreiteza dos limites da ciência quando esta se debruça sobre as causas materiais, para então nos convencermos de que tudo o que sabemos sobre elas se resume à conjunção constante e à inferência acima mencionadas. Talvez verifiquemos que é custoso aceitarmos fixar limites tão estreitos para o entendimento humano; porém, depois disso, não será de modo algum custoso aplicar essa doutrina aos atos da vontade. Pois, visto que é evidente que estes se conservam em conjunção regular com os motivos, as circunstâncias e os caracteres, e como sempre extraímos inferências de uns para os outros, devemos necessariamente reconhecer em palavras aquilo em que já convimos em todas as deliberações de nossas vidas e em cada passo de nossa conduta e nosso comportamento.[2]

[2] A prevalência da doutrina da liberdade pode ter outra causa que a explique, *viz* a falsa sensação ou aparente experiência que temos, ou podemos ter, de liberdade ou indiferença em muitas de nossas ações. O caráter necessário de qualquer ação, seja da matéria, seja da mente, não é, propriamente falando, uma qualidade no agente, mas em qualquer ser pensante ou inteligente que considere a ação; e consiste principalmente na determinação de seus pensamentos a inferir a existência da ação de alguns objetos que a pre-

Mas, para prosseguir nesse projeto de reconciliação com respeito à questão da liberdade e da necessidade — a questão mais contenciosa da metafísica, que é a mais contenciosa das ciências —, não serão necessárias muitas palavras para provar que todo o gênero humano sempre concordou com a doutrina da liberdade, assim como com a da necessidade, e que toda a disputa a esse respeito também tem sido até o momento meramente verbal. Pois o que quer dizer liberdade, quando se refere a ações voluntárias? Certamente não queremos dizer que as ações têm tão pouca conexão com os motivos, as inclinações e as circunstâncias que uns não se seguem dos outros com certo grau de uniformidade, nem que uns não permitem nenhuma inferência pela qual possamos concluir a existência do outro.

cedem; visto que a liberdade, quando oposta a necessidade, nada mais é que a ausência de determinação, e certo desatamento ou indiferença que sentimos ao passar, ou não passar, da ideia de um objeto para a de qualquer outro que lhe sucede. Pois bem, podemos observar que, embora raramente sintamos tal desatamento ou indiferença ao *refletirmos* sobre as ações humanas, mas, pelo contrário, somos capazes de inferi-las com bastante certeza a partir de seus motivos e das disposições do agente, no entanto frequentemente ocorre, ao *realizarmos* essas mesmas ações, percebermos algo assim; e como todos os objetos que se assemelham são prontamente tomados uns pelos outros, este tem sido utilizado como demonstrativo, e até como prova intuitiva da liberdade humana. Na maioria das ocasiões, sentimos que nossas ações estão sujeitas à nossa vontade; e imaginamos que sentimos que a própria vontade não está sujeita a nada, pois se somos instigados a pô-la à prova por alguém que negue essa insubmissão, sentimos que nossa vontade se move facilmente em todas as direções e produz uma imagem de si mesma (ou uma *veleidade*, como denominada nas escolas), inclusive na direção que não adotou. Essa imagem, ou movimento esboçado, naquela ocasião (estamos persuadidos disso) poderia ter chegado a ser a própria coisa, pois, se alguém negasse essa possibilidade, numa segunda tentativa verificaríamos que agora ela pode sê-lo. Não consideramos que aqui o motivo de nossas ações é o fantástico desejo de manifestar liberdade. E parece certo que, por mais que imaginemos que sentimos uma liberdade dentro de nós, um espectador normalmente pode inferir nossas ações de nossos motivos e caráter; e mesmo quando não pode, conclui em geral que o poderia, caso estivesse perfeitamente familiarizado com todas as circunstâncias de nossa situação e temperamento, e com as fontes mais secretas de nossas tendências e disposições. Ora, tal é a própria essência da necessidade, segundo a doutrina exposta acima.

DA LIBERDADE E DA NECESSIDADE

Afinal, isso são clara e reconhecidamente questões de fato. Por liberdade, então, só podemos querer significar *um poder de agir ou não agir, conforme as determinações da vontade*; isto é, se escolhemos permanecer em repouso, podemos fazê-lo; se escolhemos mover-nos, também o podemos. Ora, essa liberdade hipotética é universalmente admitida como pertencente a todo aquele que não esteja prisioneiro ou acorrentado. Aqui, portanto, não há nenhum objeto de disputa.

Seja qual for a definição dada de liberdade, devemos cuidar em observar duas circunstâncias indispensáveis: *primeiro*, que seja coerente com o que é questão de fato irrecusável; *segundo*, que seja coerente consigo própria. Se observarmos essas circunstâncias e tornarmos nossa definição inteligível, estou convencido de que constataremos que todo o gênero humano é da mesma opinião com relação a isso.

Todos admitem que nada existe sem que haja uma causa de sua existência e que o acaso, quando rigorosamente examinado, é meramente uma palavra negativa, que não significa nenhum poder real que exista em qualquer lugar na natureza. Mas pretende-se que algumas causas são necessárias, e outras, não. Aqui se percebe a vantagem das definições. Que se *defina* uma causa sem incluir, como parte da definição, uma *conexão necessária* com seu próprio efeito, e que se demonstre distintamente a origem da ideia que a definição exprime, sem hesitar abrirei mão de toda a controvérsia. Porém, se a explicação apresentada acima for aceita, isso será absolutamente impraticável. Se os objetos não se conservassem em conjunção regular uns com os outros, jamais haveríamos cogitado qualquer noção de causa e efeito. E tal conjunção regular produz aquela inferência do entendimento que é a única conexão que podemos compreender. Quem quer que tente dar uma definição de causa que exclua essas circunstâncias será obrigado a empregar termos que sejam ou ininteligíveis ou sinônimos do termo que se busca definir.[3] Assim, se a definição mencionada acima for aceita, li-

---

[3] Assim, se causa definir-se como *aquilo que produz uma coisa qualquer*, será fácil verificar que *produzir* é sinônimo de *causar*. Da mesma maneira,

berdade, quando oposta a necessidade (e não a confinamento), é o mesmo que acaso, o que todos reconhecem que não tem existência.

II

Não há método mais comum, nem mais censurável, de se raciocinar do que, numa disputa filosófica, tentar refutar uma hipótese qualquer com o pretexto de que suas consequências são perigosas para a religião e a moralidade. Qualquer opinião que leve a absurdos certamente é falsa; mas não é certo que uma opinião é falsa porque tem consequências perigosas. Esses lugares-comuns deveriam ser inteiramente suprimidos, pois de nada servem para a descoberta da verdade, mas apenas para tornar a pessoa de um antagonista odiosa. É uma observação geral que faço, sem pretender de modo algum tirar partido. Submeto-me tranquilamente a um exame dessa natureza, e aventuro-me a afirmar que ambas as doutrinas, da necessidade e da liberdade, tal como explicadas acima, não são apenas consistentes com a moralidade, mas absolutamente essenciais para a sua manutenção.[4]

A necessidade pode ser definida de duas maneiras, conforme as duas definições de *causa* nas quais ela se inclui como parte essencial. Ou bem ela consiste na conjunção constante de objetos similares, ou na inferência que o entendimento faz de um objeto para outro. Ora, a necessidade, em ambos esses sentidos (que, aliás, no fundo são a mesma coisa), segundo todos admitem, ainda que tacitamente, seja nas escolas, seja

---

se causa definir-se como *aquilo pelo que uma coisa qualquer existe*, cabe aqui a mesma objeção. Afinal, o que se quer dizer com as palavras *pelo que*? Se se dissesse que causa é *aquilo após o que constantemente uma coisa qualquer existe*, então compreenderíamos os termos. Pois, em verdade, isso é tudo o que conhecemos do assunto. Tal constância designa a própria essência da necessidade, e dela não temos qualquer outra ideia.

[4] Nas edições anteriores à edição O, nesse trecho lia-se: "[...] não são apenas consistentes com a moralidade e a religião, mas absolutamente essenciais a elas." (N. do T.)

no púlpito ou na vida ordinária, concerne à vontade dos indivíduos, e ninguém jamais pretendeu negar que podemos fazer inferências acerca das ações humanas, inferências estas que se fundamentam na união experimentada entre certas ações e certos motivos, inclinações e circunstâncias. Quanto a isso, talvez a única discordância possível seja relativa a um destes aspectos: ou não se aceita dar o nome de necessidade a essa propriedade das ações humanas — mas, contanto que se compreenda o seu significado, creio que a palavra não importa; ou se sustenta ainda que é possível descobrir algo mais nas operações da matéria. Mas é preciso que se admita que isso não tem consequência alguma para a moralidade ou para a religião, qualquer que seja a sua relevância para a filosofia natural ou para a metafísica. Podemos estar enganados quando afirmamos que não há ideia alguma de qualquer outra necessidade ou conexão nas ações dos corpos, mas certamente não atribuímos nada às ações da mente, a não ser o que todos lhes atribuem e devem prontamente admitir. Não alteramos circunstância alguma do antigo sistema ortodoxo no que respeita à vontade, mas apenas no que respeita aos objetos e causas materiais. Nada, portanto, pode ser mais inocente do que esta doutrina.

Uma vez que todas as leis se baseiam em recompensas e punições, supõe-se que seja de fundamental importância o princípio segundo o qual tais motivos exercem uma influência regular e uniforme sobre a mente, e tanto induzem as boas ações como previnem as más. Podemos dar o nome que quisermos a essa influência, mas, como ela habitualmente se conjuga com a ação, deve ser considerada uma *causa*, e tomada como um caso particular da necessidade que pretendemos estabelecer aqui.

O único objeto próprio do ódio ou da vingança é uma pessoa ou criatura dotada de pensamento e consciência, e se as ações criminosas ou lesivas suscitam tal paixão, é apenas porque se relacionam à pessoa que as cometeu, têm uma conexão com ela. As ações, por sua própria natureza, são breves e passageiras, e quando não procedem de alguma *causa* no caráter ou disposição da pessoa que as realizou, não podem redundar nem em honra, se boas, nem em infâmia, se más. As próprias ações podem ser censuráveis, podem ser contrárias a todas as regras da moralidade e da religião, mas se a pessoa não pode responder por elas, se não procedem de nada que nela seja constante e durável, e não deixam atrás de si nada que seja dessa natureza, é impossível que essa pessoa possa ser objeto de punição ou vingança em virtude de suas ações. De acordo com o princípio, portanto, que nega a necessidade e, consequentemente, as causas, um homem continua tão puro e imaculado após haver cometido o mais horrendo dos crimes como o era no instante de seu nascimento, e seu caráter não tem relação alguma com suas ações, visto que elas não derivam dele, e a perversidade de umas jamais pode servir de prova da depravação do outro.

Não se pode culpar alguém por ações praticadas acidentalmente, na ignorância, quaisquer que sejam as consequências. Por que, senão por serem os princípios dessas ações apenas momentâneos e terminarem unicamente nelas. Os homens são menos culpáveis pelas ações praticadas de modo estouvado e involuntário do que por aquelas que procedem da deliberação. Por que razão, senão porque um temperamento estouvado, ainda que seja um princípio ou causa fixa na mente, opera apenas a intervalos, e assim não infecta todo o caráter. Ademais, o arrependimento apaga qualquer crime, contanto que a vida e as maneiras se endireitem também. Como explicar isso, senão declarando que as ações incriminam uma pessoa apenas enquanto são provas da existência de princípios criminais em sua mente; quando, em virtude de alguma alteração nesses princípios, elas deixam de ser provas concludentes, eles igualmente deixam de ser criminais. Mas, a não ser pela doutrina da necessidade, elas nunca seriam provas concludentes, e consequentemente nunca seriam criminais.

Será igualmente fácil provar, e com os mesmos argumentos, que a *liberdade*, conforme a definição acima, quanto à qual todos os homens concordam, também é essencial à moralidade, e nenhuma ação humana que careça de liberdade é passível de ter quaisquer qualidades morais, nem pode ser objeto de aprovação ou censura. Pois, como as ações somente são objeto de nosso sentimento moral enquanto são indicativas do caráter, das paixões e dos afetos interiores, é impossível que possam suscitar louvor ou censura se não procedem de tais princípios, mas, ao contrário, resultam inteiramente da coação exterior.

Não pretendo ter obviado ou removido todas as objeções possíveis a esta teoria no que concerne à necessidade e à liberdade. Posso prever outras objeções oriundas de tópicos que não foram tratados aqui. Pode-se dizer, por exemplo, que se as ações voluntárias se submetem às mesmas leis de necessidade que as operações da matéria, então há uma série contínua de causas necessárias preordenadas e predeterminadas que alcançam desde a causa originária de todas as demais, até cada volição singular de cada criatura humana. Nenhuma contingência em parte alguma do universo; nenhuma indiferença; nenhuma liberdade. Enquanto agimos somos, ao mesmo tempo, efeito. O Autor primeiro de todas as nossas volições é o Criador do mundo, o que primeiro conferiu movimento a esta imensa máquina e situou todos os seres na exata posição da qual devem resultar, por uma necessidade inevitável, todos os eventos subsequentes. As ações humanas, portanto, ou não podem compreender qualquer torpeza moral, visto procederem de causa tão benévola; ou, se compreendem alguma torpeza, devem envolver nosso Criador na mesma culpa, pois que se admite ser Ele seu autor e causa primeira. Pois assim como o homem que acende um explosivo responde por todas as suas consequências, não importa se o rastilho que utilizou é longo ou curto, assim também, sempre que se estabelece uma cadeia contínua de causas necessárias, o Ser que produz a primeira delas, seja finito ou infinito, é igualmente o autor de todo o resto, e deve arcar com a censura ou receber o louvor que lhes cabe. Nossas ideias claras e inalteráveis de moralidade estabelecem essa regra, com base em razões inquestionáveis, sempre que examinamos as consequências de qualquer ação humana, e essas ações devem ter tanto mais força quando se aplicam às volições e intenções de um Ser infinitamente sábio e poderoso. Uma criatura tão limitada como o homem pode alegar ignorância ou impotência, mas essas imperfeições não existem em nosso Criador. Ele anteviu, determinou e tencionou essas ações dos homens que nós tão irrefletidamente declaramos criminais. E devemos concluir, portanto, ou que elas não são criminais, ou que a Deidade, não o homem, é responsável por elas. Mas como cada uma dessas posições é absurda e ímpia, segue-se que a doutrina de que se deduzem não pode ser de modo algum verdadeira, pois se sujeita a todas aquelas mesmas objeções. Uma consequência absurda, se necessária, prova que a doutrina que a originou também o é, da mesma maneira que ações criminais, se possuírem uma conexão necessária e inevitável com sua causa, tornam-na também criminal.

Essa objeção contém duas partes, que examinaremos separadamente: *primeiro*, se as ações humanas podem ser reconduzidas através de uma cadeia necessária à Deidade, elas nunca podem ser criminais, por consideração da perfeição infinita do Ser de que derivam, que nada pode pretender que não seja inteiramente bom e louvável; ou, *em segundo lugar*, se elas forem criminais, devemos rejeitar o atributo de perfeição que atribuímos à Deidade e reconhecer nele o autor primeiro de toda culpa e torpeza moral que haja em todas as suas criaturas.

A resposta à primeira objeção parece óbvia e convincente. Muitos filósofos, depois de um escrutínio exato de todos os fenômenos da natureza, concluem que o TODO, considerado como um sistema, ordena-se em cada período de sua existência com perfeita benevolência, e resultará, ao fim, na máxima felicidade possível para todos os seres criados, sem qualquer mescla de mal ou miséria positiva ou absoluta. Todo mal físico, dizem eles, é parte essencial desse sistema benevolente, e não poderia ser removido nem pela própria Deidade, considerada como um agente sábio, sem que desse lugar a maior mal, ou afastasse um bem maior que dele resultará. Dessa teoria alguns filósofos, dentre os quais os antigos *estoicos*, extraíram um tópico para o consolo de todas as aflições, pois ensinavam a seus pupilos que os males que os achacavam eram, em realidade, bens para o universo; e que para uma visão ampliada, que pudesse compreender o sistema em sua totalidade, cada evento se tornaria objeto de alegria e exultação. Mas embora esse tópico seja sublime e especioso, na prática mostrou-se logo fraco e infrutífero. Seguramente iríeis mais irritar do que apaziguar um homem que sofresse das dores lancinantes da gota se lhe apregoásseis a retidão das leis gerais que produziram aqueles humores em seu corpo e os conduziram, pelos canais apropriados, até os nervos e tendões, onde ora excitam tão agudos tormentos. Visões ampliadas podem aprazer por um momento a imaginação de um homem especulativo que esteja em situação de calma e segurança, mas não podem ser constantes em sua mente, ainda que não esteja perturbada pelas emoções da dor e da paixão, e muito menos podem conservar seu domínio quando atacadas por antagonistas tão poderosos. Os afetos avaliam seus objetos segundo uma ótica mais estreita e natural; e mediante uma economia mais adequada à fraqueza das mentes humanas, atentam apenas para os seres que nos cercam, e são afetados somente por eventos que pareçam bons ou maus para o sistema privado.

Dá-se com o mal *moral* o mesmo que com o *físico*. Não se pode razoavelmente supor que essas considerações remotas, que se mostram tão pouco eficazes no tocante a um, sejam mais fortes e influentes no tocante ao outro. A mente do homem é moldada pela natureza de tal maneira que, diante do aparecimento de certos caracteres, disposições e ações, ela é imediatamente afetada pelo sentimento de aprovação ou censura; e não há emoções mais essenciais do que essas à sua estrutura e constituição. Os caracteres que mobilizam nossa aprovação são principalmente aqueles que contribuem para a paz e a segurança da sociedade humana, ao passo que os caracteres que provocam censura são principalmente os que tendem ao detrimento público e à desordem. Por isso pode-se razoavelmente presumir que os sentimentos morais provêm mediata ou imediatamente de um reflexo desses interesses opostos. Que importa, então, que meditações filosóficas estabeleçam opiniões ou conjeturas diversas, conforme as quais tudo está bem no tocante ao TODO, e as qualidades que transtornam a sociedade são, de modo geral, tão benéficas e tão conformes com a intenção primeira da natureza quanto as que mais diretamente promovem sua felicidade e seu bem-estar? São essas especulações remotas e incertas capazes de contrabalançar os sentimentos provenientes da visão natural e imediata dos objetos? O homem roubado em quantia considerável, encontra ele algum alívio para a vexação do prejuízo nessas reflexões sublimes? Por que, então, se presumiria que sua indignação moral com o crime é incompatível com elas? Ou por que o reconhecimento de uma distinção real entre vício e virtude não seria conciliável com todos os sistemas especulativos de filosofia, assim como a distinção real entre a beleza e a deformidade pessoais? Ambas essas distinções fundamentam-se nos sentimentos naturais da mente humana; sentimentos que não se deixam controlar ou alterar por qualquer teoria ou especulação filosófica, seja ela qual for.

A *segunda* objeção não admite resposta tão fácil e satisfatória, nem é possível explicar distintamente como a Deidade pode ser a causa imediata de todas as ações dos homens sem ser o autor do pecado e da torpeza moral. Trata-se de mistérios que a mera razão natural e desguarnecida é bastante incapaz de tratar, e, seja qual for o sistema que adote, deve deparar dificuldades inextricáveis, e mesmo contradições, a cada passo que avance em tais assuntos. Conciliar a indiferença e a contingência das ações humanas com a presciência, ou defender determinações absolutas e, ao mesmo tempo, preservar a Deidade de ser o autor do pecado, são coisas que até agora demonstraram exceder a todo o poder da filosofia. Felizes de nós se com isso ela se aperceber da temeridade a que se expõe quando se intromete nesses mistérios sublimes, e assim, abandonando esse cenário tão cheio de confusões e obscuridades, retorne, com a devida modéstia, à sua própria e verdadeira jurisdição, o exame da vida ordinária, onde encontrará dificuldades suficientes em que empregar suas indagações, sem lançar-se em tão vasto oceano de dúvidas, incertezas e contradições!

Seção 9

DA RAZÃO DOS ANIMAIS

TODOS OS NOSSOS raciocínios acerca de questões de fato fundam-se numa espécie de *analogia* que nos leva a esperar, em face de uma causa qualquer, os mesmos eventos que observamos resultarem de causas semelhantes. Quando as causas são inteiramente semelhantes, a analogia é perfeita, e a inferência que se extrai é vista como certa e conclusiva; nenhum homem jamais duvida, quando vê uma peça de ferro, que ela terá peso e suas partes serão coesas, tal como ocorre em todos os demais casos particulares que se ofereçam à sua observação. Mas quando os objetos não guardam semelhança tão exata, a analogia é menos perfeita, e a inferência, menos conclusiva; embora ainda tenha alguma força, em proporção ao grau de semelhança ou parecença. As observações formadas acerca de um animal se estendem, em virtude dessa espécie de raciocínio, a todos os animais; e é certo que, uma vez que a circulação do sangue, por exemplo, esteja claramente provada relativamente a uma criatura, como um sapo ou um peixe, forma-se uma forte presunção de que o mesmo princípio se aplica a todas. Tais observações analógicas podem estender-se ainda mais, mesmo na ciência de que ora tratamos; e qualquer teoria pela qual expliquemos as operações do entendimento, ou a origem e a conexão das paixões no homem, adquirirá uma autoridade adicional se verificarmos que também é necessária para explicar os mesmos fenômenos em outros animais. Aqui ensaiaremos esse método relativamente à hipótese por meio da qual buscamos explicar todos os raciocínios experimentais na exposição anterior, com a esperança de que esse novo ponto de vista sirva para confirmar todos os nossos raciocínios precedentes.

Primeiramente, parece evidente que os animais, assim como os homens, aprendem muitas coisas a partir da experiência e inferem que os mesmos eventos sempre se seguirão das mesmas causas. Por meio desse princípio eles se familiarizam com as propriedades mais óbvias dos objetos exteriores, e gradualmente, desde o seu nascimento, acumulam um conhecimento da natureza do fogo, da água, da terra, das pedras, das altitudes, das profundezas etc, bem como dos efeitos de suas operações. Aqui a ignorância e a inexperiência dos jovens se distinguem claramente da destreza e sagacidade dos mais velhos, que por longa observação aprenderam a evitar o que os fere e buscar o que lhes dá tranquilidade e prazer. Um cavalo acostumado ao campo torna-se sabedor da altura que pode saltar e jamais tentará o que excede à sua força e habilidade. Um velho galgo confiará a parte mais fatigante da caça aos mais jovens e se posicionará de forma a deparar a lebre em seu retorno; as conjeturas que faz nessa ocasião não se fundam em coisa alguma que não a observação e a experiência.

Isso é ainda mais evidente nos efeitos da disciplina e da educação sobre os animais, os quais, mediante o correto emprego de recompensas e punições, podem ser ensinados a seguir qualquer modo de ação, por mais contrário que seja a seus instintos e propensões. Não é a experiência que faz com que o cão tema a dor quando o ameaçais ou ergueis o chicote para ele? Não é igualmente a experiência que o faz responder ao nome e inferir de um som arbitrário que designais a ele, e não qualquer outro de seus semelhantes, e que pretendeis chamá-lo quando o pronunciais de certa maneira, com certa tonalidade e modulação?

Em todos esses casos, podemos observar que o animal infere algum fato além do que lhe afeta imediatamente os sentidos, e que essa inferência baseia-se inteiramente na experiência passada, pois a criatura espera do presente objeto as mesmas consequências que, segundo verificou por observação, resultaram de objetos semelhantes.

Em segundo lugar, é impossível que essa inferência que o animal faz tenha fundamento em qualquer processo de argumentação ou raciocínio, por meio do qual ele conclua que eventos semelhantes devem sempre seguir-se a objetos semelhantes, e que o curso da natureza será sempre regular em suas operações. Pois se há, em realidade, quaisquer argumentos dessa natureza, eles seguramente permanecem demasiado abstrusos para a observação de entendimentos tão imperfeitos, pois é incontestável que se requer o máximo cuidado e atenção de um gênio filosófico para descobri-los e observá-los. Os animais, portanto, não se orientam pelo raciocínio em tais inferências, nem as crianças, nem a maioria do gênero humano, em suas ações e conclusões, nem os próprios filósofos, que em sua vida prática são, de modo geral, iguais ao vulgo e obedecem às mesmas máximas que este. A natureza há de ter-nos provido com algum outro princípio, de uso e aplicação mais gerais e imediatos; nem poderia uma operação de tão imensa consequência para a vida, como a de inferir efeitos a partir de causas, fiar-se às incertezas do processo de raciocínio e argumentação. Se há quem duvide disso no que respeita aos homens, parece não caber dúvidas quanto às criaturas brutas, e uma vez estabelecida uma conclusão sólida a respeito de um, forma-se forte presunção, de acordo com todas as regras da analogia, de que ela deveria ser universalmente admitida, sem exceção ou reserva. É unicamente o costume que comanda os animais a inferirem, de cada objeto que atinge seus sentidos, outro que habitualmente o acompanha, e leva sua imaginação, quando do aparecimento de um, a conceber o outro, naquela maneira particular que denominamos *crença*. Não se oferece a nossa observação e reparo qualquer outro modo de explicar essa operação, seja nas classes mais elevadas dos seres sensíveis, seja nas mais inferiores.[1]

---

[1] Visto que todos os raciocínios acerca de fatos ou causas derivam meramente do costume, pode-se perguntar como é que os homens ultrapassam

DA RAZÃO DOS ANIMAIS

em tanto os animais no tocante ao raciocínio e como um homem ultrapassa tanto outro. O mesmo costume não tem a mesma influência em todos?

Procuraremos aqui explicar brevemente a grande diferença que existe entre os entendimentos humanos, após o que a razão da diferença entre os homens e os animais será facilmente compreendida.

1. Quando já vivemos por tempo suficiente para nos acostumarmos à uniformidade da natureza, adquirimos o hábito generalizado de sempre transferir o conhecido para o desconhecido e conceber o último como semelhante ao primeiro. Por meio desse princípio geral e habitual, consideramos mesmo um experimento isolado como fundamento para o raciocínio, e formamos expectativas com certo grau de certeza quanto a eventos que lhe sejam semelhantes, contanto que o experimento tenha se realizado rigorosamente e sem que circunstâncias alheias interviessem. Considera-se, portanto, de grande importância a observação das consequências das coisas, e como alguns homens podem ultrapassar em muito os outros em termos de atenção, memória e observação, isso faz enorme diferença entre eles no que tange ao raciocínio.

2. Quando há uma conjunção de causas variadas para produzir um efeito qualquer, uma mente pode ser muito mais ampla do que outra, e mais capaz de compreender todo o sistema dos objetos, de modo a inferir conclusivamente suas consequências.

3. Alguns homens são capazes de levar uma cadeia de consequências mais longe do que outros.

4. Poucos homens são capazes de prolongar o pensamento sem incorrer em uma confusão de ideias e tomar umas pelas outras; essa debilidade existe em graus variados.

5. A circunstância de que depende o efeito frequentemente está envolvida em outras circunstâncias que lhe são alheias e extrínsecas. Sua separação muitas vezes requer grande atenção, rigor e sutileza.

6. A formação de máximas gerais a partir da observação de casos particulares consiste numa operação muito delicada, e nada é mais comum do que — em virtude da precipitação ou da estreiteza da mente, que não enxerga todos os aspectos envolvidos — cometer equívocos nesse particular.

7. Quando raciocinamos por analogias, o homem que tenha a maior experiência ou a maior presteza em sugerir analogias terá o melhor raciocínio.

8. Os vieses dos preconceitos, da educação, da paixão, dos partidos tomados etc. estorvam mais algumas mentes do que outras.

Mas, embora muito do que os animais conhecem seja aprendido por observação, há também parcelas consideráveis que provêm da mão primordial da natureza, as quais nas situações ordinárias excedem em muito o quinhão de capacidade de que eles dispõem; e se aprimoram pouco ou nada com a prática e a experiência, por mais extensas que sejam. A elas denominamos instintos, e tendemos a admirá-las como algo extremamente insólito e inexplicável ao entendimento humano, por mais inquirições que se façam. Mas talvez nosso espanto cesse ou diminua quando considerarmos que o próprio raciocínio experimental, que temos em comum com as feras, e do qual depende toda a condução da vida, nada mais é do que uma espécie de instinto ou poder mecânico que age em nós sem o conhecermos; e que em suas operações mais importantes não se orienta por quaisquer relações ou comparações de ideias que sejam objetos próprios de nossas faculdades intelectuais. Embora seja um instinto diferente, é ainda assim um instinto que ensina aos homens evitar o fogo, não menos do que aquele que ensina aos pássaros, com tanta justeza, a arte da incubação e toda a ordenação e o modo correto de cuidar dos filhotes.

---

9. Depois que passamos a confiar no testemunho humano, os livros e a conversação alargam muito mais a esfera da experiência e do pensamento de alguns homens do que de outros. Seria fácil descobrir muitas outras circunstâncias que fazem que haja diferenças entre os entendimentos dos homens.

Seção 10
DOS MILAGRES

I

Nos escritos do Dr. Tillotson há um argumento contra a *presença real* cuja concisão, elegância e força são maiores do que se poderia supor, em se tratando de algo contra uma doutrina tão pouco digna de refutação séria. Todos admitem, afirma o douto prelado, que a autoridade das escrituras ou da tradição fundamenta-se meramente nos depoimentos dos apóstolos, testemunhas oculares dos milagres de nosso Salvador, pelos quais ele provou sua missão divina. A evidência que temos, portanto, da verdade da religião *Cristã* consiste em menos do que a evidência que temos da verdade de nossos sentidos, pois que esta última não era maior nem para os primeiros autores de nossa religião; e é evidente que deve diminuir ao passar dos apóstolos para seus discípulos, visto que nem mesmo no testemunho daqueles pode-se depositar maior confiança que nos objetos imediatos de nossos sentidos. Ora, uma evidência mais fraca nunca pode anular uma mais forte, e, portanto, por mais claramente que se revelasse nas escrituras a doutrina da presença real, seria diretamente contrário a todas as regras do justo raciocínio dar nosso assentimento a ela. Ela contradiz os sentidos, e nem as escrituras, nem a tradição, nas quais supostamente ela se erigiu, carregam tanta evidência consigo como os sentidos; ao menos quando consideradas meramente como evidências externas, e não inseridas nos corações de cada um pela operação imediata do Espírito Santo.

Nada é mais oportuno do que um argumento decisivo como esse, que deve ao menos *silenciar* o fanatismo e a superstição mais arrogantes e livrar-nos de seus apelos impertinentes. Nutro a esperança de ter descoberto um argumento de semelhante natureza, o qual, se estiver correto, constituir-se-á, entre os sábios e eruditos, em óbice definitivo a todos os gêneros de ilusões supersticiosas, e consequentemente será útil por todo o tempo que perdurar o mundo. Pois presumo que durante todo esse período encontrar-se-ão relatos de milagres e prodígios na história sagrada e profana.

Embora a experiência seja nosso único guia nos raciocínios acerca de questões de fato, deve-se admitir que esse guia não é de todo infalível, e em alguns casos tende, ao contrário, a nos levar a erros. Alguém que, em nosso clima, espere tempo melhor numa semana de junho do que numa de dezembro, terá raciocinado corretamente, em conformidade com a experiência; no entanto é certo que, quando da ocorrência do evento, ele pode vir a achar-se equivocado. Contudo, podemos observar que, num caso como esse, ele não tem motivos para queixar-se da experiência, pois normalmente ela nos informa previamente das incertezas em questão por meio da contrariedade dos eventos de que podemos tomar conhecimento mediante observação diligente. Nem todos os efeitos se seguem com a mesma certeza de suas supostas causas. Alguns eventos encontram-se em conjunção constante em todos os tempos e lugares; outros mostram-se mais variáveis e por vezes frustram nossas expectativas; de modo que, em nossos raciocínios acerca de questões de fato, há todos os graus de segurança imagináveis, desde a mais alta certeza até a mais baixa espécie de evidência moral.

O homem sábio, portanto, ajusta sua crença proporcionalmente à evidência. Nas conclusões fundadas numa experiência infalível, ele espera o evento com o máximo grau de segurança, e toma sua experiência passada como *prova* da futura existência desse evento. Em outros casos ele procede com mais cautela: sopesa as experiências opostas, considera qual dos lados conta com maior número de experiências, tende para esse lado com dúvida e hesitação, e por fim, quando estabelece seu juízo, a evidência não excede ao que propriamente denominamos *probabilidade*. Assim, toda probabilidade pressupõe uma contraposição de experiências e observações, de modo que, na ponderação, um lado mostre ter mais peso do que o outro e produza um grau de evidência proporcional a essa superioridade. Uma centena de ocorrências ou experiências de um lado, contra cinquenta do outro, proporcionam uma expectativa duvidosa quanto a certo evento; ao passo que uma centena de experiências uniformes, com apenas um evento contraditório, oferecem um grau de segurança bastante forte. Em todos os casos, devemos sopesar as experiências opostas, se forem opostas, e subtrair o menor número delas do maior, a fim de conhecermos exatamente a força da evidência mais forte.

Apliquemos esses princípios a um caso particular: podemos observar que não há espécie alguma de raciocínio que seja mais comum, nem mais útil, nem mais necessário à vida humana do que aquele que deriva dos depoimentos e dos relatos de testemunhas oculares e espectadores. Talvez alguém venha negar que essa espécie de raciocínio seja fundada na relação de causa e efeito. Não disputarei sobre uma palavra. Será suficiente observar que nossa segurança quanto a qualquer argumento desse gênero não provém de outro princípio que não a observação da veracidade do testemunho humano, e da conformidade habitual dos fatos com os relatos testemunhais. Tendo em conta a máxima geral segundo a qual os objetos não nos exibem conexão alguma entre si, e que todas as inferências que podemos extrair de um para o outro se fundam meramente em nossa experiência de sua conjunção constante e regular, fica evidente que não devemos abrir exceção a essa máxima em favor do testemunho humano, cuja conexão com um evento qualquer parece em si mesma tão pouco necessária quanto qualquer outra. Se a memória não fosse até certo ponto tenaz; se os homens normalmente não tivessem uma inclinação para a verdade e não contassem com um princípio de probidade; se não fossem suscetíveis à vergonha, quando flagrados em falsidade; não fossem essas coisas, digo, algo que por experiência aprendemos serem qualidades inerentes à natureza humana, jamais depositaríamos a menor confiança no testemunho humano. Um homem delirante, ou que seja notório por sua falsidade e vileza, não há de gozar de autoridade alguma entre nós.

E como a evidência proveniente de testemunhos e relatos humanos se funda na experiência passada, também varia com a experiência, e é vista ou como uma *prova* ou como uma *probabilidade*, conforme se verifique constante ou variável a conjunção entre o gênero dos relatos e o gênero dos objetos. Em todos os juízos desse gênero há numerosas circunstâncias a se levar em consideração; e o critério último para decidirmos as disputas que possam surgir a respeito deles provirá sempre da experiência e da observação. Quando essa experiência não for completamente uniforme em um dos lados a se ponderar, ela é acompanhada de uma inevitável contrariedade de juízos, e compreenderá o mesmo conflito e oposição mútua entre os argumentos que qualquer outro gênero de evidência. É frequente hesitarmos quanto aos relatos alheios. Sopesamos as circunstâncias opostas que causam qualquer dúvida ou incerteza, e, quando descobrimos que um dos lados é superior, inclinamo-nos para ele, mas ainda assim com menor segurança, proporcional à força de seu antagonista.

Essa contrariedade de evidências no presente caso pode resultar de causas diversas: da oposição de um testemunho contraditório; do caráter ou quantidade das testemunhas; da maneira como comunicam seu testemunho; ou de todas essas circunstâncias juntas. Nutrimos suspeitas quanto a uma questão de fato quando as testemunhas contradizem umas às outras; quando são poucas ou de caráter duvidoso; quando têm interesse no que afirmam; quando hesitam ao comunicar seu testemunho, ou quando, ao invés disso, fazem-no por asseverações demasiado veementes. Há muitos outros detalhes desse gênero que podem diminuir ou anular a força de um argumento baseado no testemunho humano.

Suponde, por exemplo, que o fato que se busca estabelecer pelo testemunho tenha algo de extraordinário e maravilhoso. Nesse caso, a evidência resultante do testemunho deve reduzir-se em maior ou menor grau, conforme o fato seja mais ou menos usual. A razão pela qual depositamos crédito em testemunhas ou historiadores não resulta de nenhuma *conexão* que percebamos *a priori* entre o testemunho e a realidade, mas da constatação costumeira de uma conformidade entre eles. Mas quando o fato que se atesta raramente incorreu em nossa observação, há aqui uma disputa entre duas experiências opostas que se anulam mutuamente, em proporção à força que cada uma possui, e a mais forte delas só pode operar na mente com a força que lhe restar do embate. O mesmo princípio da experiência que nos dá certo grau de segurança quanto ao depoimento das testemunhas também nos dá, no caso em questão, algum grau de segurança em contrário ao fato que se procura estabelecer, e dessa contradição surge necessariamente um contrapeso e a mútua anulação da crença e da autoridade.

Não acreditaria nessa história nem que me fosse contada por Catão,[1] eis um dito proverbial corrente em Roma, no período mesmo em que era vivo esse prudente patriota. A inverossimilhança de um fato, segundo se julgava, era suficiente para invalidar tão grande autoridade.

O príncipe indiano que se recusou a acreditar nos primeiros relatos que ouviu acerca dos efeitos da temperatura de congelamento raciocinou corretamente, e naturalmente seria necessário um testemunho muito forte para fazer com que ele desse assentimento a fatos resultantes de um estado de natureza com o qual não estava familiarizado, e que guardavam tão pouca analogia com os fatos dos quais ele havia tido uma experiência constante e uniforme. Embora eles não fossem contrários à sua experiência, não eram conformes a ela.[2]

---

[1] Plutarco, *Vita Catonis*.

[2] É evidente que nenhum indiano poderia ter tido a experiência de que a água não congela em climas frios. Aqui, trata-se de posicionar a natureza numa situação que lhe é desconhecida, e é impossível para ele afirmar *a priori*

Mas para aumentar a probabilidade contrária ao depoimento das testemunhas, suponhamos que o fato que elas atestam, em vez de ser apenas maravilhoso, é realmente miraculoso; e suponhamos também que o testemunho, considerado isoladamente e em si mesmo, corresponda a uma prova completa; nesse caso, há uma prova contra outra prova, das quais a mais forte deve prevalecer, mas ainda assim com uma diminuição de sua força, proporcionalmente à força de sua antagonista. .

Um milagre é uma violação das leis da natureza; e como uma experiência firme e inalterável estabeleceu essas leis, a prova contra um milagre, pela própria natureza do fato, é tão plena quanto se pode imaginar que seja qualquer argumento a partir da experiência. Por que é mais do que provável que todos os homens devem morrer; que o chumbo, por si mesmo, não permanece suspenso no ar; que o fogo consome a madeira e se extingue pela água, senão porque esses eventos se mostram congruentes com as leis da natureza, e é necessária uma violação dessas leis, ou, em outras palavras, um milagre, para impedi-los? Nada que em algum momento ocorra no curso ordinário da natureza pode ser considerado um milagre. Não é um milagre que um homem aparentemente em boa saúde

---

o que resultará disso. A questão diz respeito a uma nova experiência, cuja consequência é sempre incerta. Pode-se por vezes conjeturar, por analogia, o que se seguirá a algo, mas ainda assim não passa de uma conjetura. E deve-se admitir que, no presente caso, o do congelamento, o evento dá-se de forma contrária às regras da analogia, e é tal que um indiano racional não esperaria que ocorresse. As operações do frio não são graduais, conforme os graus de frio; ao contrário, sempre que se atinge o ponto de congelamento, a água passa num instante da máxima liquidez para a perfeita solidez. Um evento assim, portanto, pode denominar-se *extraordinário* e requer um testemunho muito forte para fazer-se credível para as pessoas que habitam o clima quente; mas ainda assim não é *miraculoso*, nem contrário à experiência uniforme do curso da natureza em circunstâncias semelhantes. Os habitantes de Sumatra sempre viram a água liquefeita em seu próprio clima, e o congelamento de seus rios seria tido como um prodígio; mas eles nunca viram água na Moscóvia durante o inverno, e portanto não poderiam razoavelmente ser positivos quanto a qual haveria de ser a consequência do frio.

morra subitamente, pois esse tipo de morte, embora seja mais incomum que qualquer outro, já tem sido frequentemente observado. Mas é um milagre que um morto retorne à vida, pois isso nunca se observou em nenhuma época ou país. Deve haver, portanto, uma experiência uniforme em contrário a todo evento miraculoso, ou do contrário o evento não mereceria essa denominação. E como uma experiência uniforme constitui uma prova, temos aqui, a partir da natureza do fato, uma *prova* plena e conclusiva contra a existência de qualquer milagre; e essa prova não pode ser anulada, nem pode o milagre tornar-se credível, senão por uma prova oposta que lhe seja superior.[3]

Claramente a consequência é (e esta é uma máxima geral que merece nossa atenção) "que nenhum testemunho é suficiente para estabelecer um milagre, a menos que o testemunho seja tal que sua falsidade seria mais miraculosa do que o fato que ele visa estabelecer; e mesmo nesse caso há a mútua anulação dos argumentos, e o superior deles nos proporciona

---

[3] Por vezes não é possível que um evento, *em si mesmo*, pareça contrário às leis da natureza, e ainda assim ele poderia, em razão de algumas circunstâncias, denominar-se um milagre, pois, *de fato*, é contrário a essas leis. Assim, se uma pessoa que reivindicasse para si uma autoridade divina determinasse, a seu comando, que uma pessoa doente ficasse bem, ou que uma saudável quedasse morta, ou que as nuvens vertessem chuva, ou que os ventos soprassem, que, enfim, ordenasse vários eventos naturais que se seguissem imediatamente a seu comando, tais coisas poderiam com justiça considerar-se milagres, porque nesse caso são realmente contrárias às leis da natureza. Pois se restar qualquer suspeita de que o evento e o comando convergiram por acidente, não há milagre, nem transgressão às leis da natureza. Se essa suspeita for eliminada, há evidentemente um milagre e uma transgressão dessas leis, visto que nada pode ser mais contrário à natureza do que a voz ou comando de um homem exercer uma tal influência. Um milagre pode ser rigorosamente definido como *a transgressão de uma lei da natureza por uma volição particular da Deidade ou pela intervenção de algum agente invisível*. Um milagre pode ser ou não visível aos homens. Isso não altera sua natureza e sua essência. A elevação de uma casa ou embarcação no ar é um milagre visível. A elevação de uma pluma quando o vento não tem nem mesmo a força necessária para esse propósito é um milagre igualmente real, embora não tão perceptível a nós.

apenas uma segurança proporcional ao grau de força que lhe resta após subtraído o inferior". Quando alguém me conta que viu um homem morto ser restituído à vida, imediatamente considero comigo o que é mais provável, que essa pessoa seja enganadora ou tenha sido enganada, ou que o fato que ela relata tenha realmente acontecido. Peso um milagre contra o outro, e, de acordo com a maior probabilidade que verifico, pronuncio minha decisão, de modo a sempre rejeitar o maior milagre. Se a falsidade de seu testemunho for mais miraculosa do que o evento que ele relata, então, e somente então, ele pode pretender angariar minha crença ou opinião.

II

No raciocínio anterior supusemos que o testemunho, sobre o qual se fundam os milagres, pode corresponder a uma prova completa, e que a falsidade desse testemunho seria um verdadeiro prodígio; mas é fácil mostrar que até agora fomos demasiadamente liberais em nossa concessão, e que nunca houve um evento miraculoso que se estabelecesse sobre uma prova tão cabal.

Pois, *primeiramente*, não se há de encontrar em toda a história qualquer milagre que seja atestado por um número suficiente de homens de tão inquestionável bom-senso, educação e cultura, que nos certifiquem de que não se trata de nenhuma ilusão neles próprios; de tão indubitável integridade que os coloque acima de qualquer suspeita de pretender ludibriar os outros; de tanto crédito e reputação aos olhos do gênero humano, que teriam muito a perder se apanhados em qualquer falsidade; e que, ao mesmo tempo, atestem fatos que tenham se realizado com tanta publicidade, e em tão notória parte do mundo, que torne inevitável a constatação de qualquer falsidade; circunstâncias estas que são todas necessárias para nos dar plena segurança do testemunho dos homens.

Em segundo lugar, podemos observar um princípio na natureza humana que, se rigorosamente examinado, se verá que diminui ao extremo a segurança que, baseados no testemunho humano, podemos ter acerca de qualquer espécie de prodígio. A máxima pela qual normalmente nos conduzimos em nossos raciocínios é que os objetos de que não temos experiência se assemelham àqueles de que temos experiência; que o que verificamos ser o mais usual é sempre o mais provável; e que quando há uma oposição de argumentos, devemos dar preferência aos que se mostraram em maior número em nossas observações passadas. Mas embora ao proceder conforme essa regra rejeitemos de pronto qualquer fato que seja, segundo o padrão ordinário, inabitual ou incredível, ainda assim, ao avançar mais, a mente nem sempre observa a mesma regra; e quando se afirma que alguma coisa é absolutamente absurda e miraculosa, ela mais prontamente ainda admite a possibilidade de um fato assim, em virtude da própria circunstância que deveria anular toda a sua autoridade. A paixão da *surpresa* e do *espanto* que os milagres suscitam, por ser uma emoção agradável, dá origem a uma clara tendência a acreditar nesses eventos que a provocam. E isso chega a tal ponto que os que não podem gozar desse prazer imediatamente, ou não conseguem acreditar nos eventos miraculosos de que lhes informam, ainda assim adoram participar dessa satisfação em segunda mão, ou por reflexo, e se congratulam e se deleitam em suscitar a admiração alheia.

Com que avidez se recebem as histórias maravilhosas dos viajantes, suas descrições de monstros marítimos e terrestres, seus relatos de aventuras maravilhosas, homens estranhos e maneiras desconhecidas! Porém, se o espírito de religião se reúne ao amor do espanto, todo o bom-senso se acaba, e, nessas circunstâncias, o testemunho humano perde toda a pretensão à autoridade. O religionário pode ser um entusiasta e imaginar que vê o que não tem realidade alguma; pode saber que sua narrativa é falsa e, ainda assim, persistir nela, com as melhores intenções do mundo, a fim de promover causa tão beata; ou, quando não ocorre a ilusão, a vaidade, estimulada por tão grande tentação, atua sobre ele mais fortemente do que sobre o resto do gênero humano em quaisquer outras circunstâncias, assim como igualmente o auto-interesse. Seus ouvintes podem não ter, e normalmente não têm, o juízo suficientemente vigoroso para pôr seu depoimento à prova; o juízo que porventura tenham, renunciam por princípio quando se trata desses temas sublimes e misteriosos; ou ainda, por mais desejosos que estejam de empregá-lo, a paixão e a imaginação acalorada perturbam a regularidade de suas operações. A credulidade destes aumenta a impudência daquele, e sua impudência reforça ainda mais a credulidade deles.

A eloquência, quando em sua chave mais alta, deixa pouco espaço para a razão ou a reflexão, mas, ao contrário, ao dirigir-se inteiramente à fantasia ou aos afetos, cativa os ávidos ouvintes e domina seu entendimento. Por sorte, ela raramente alcança essa chave. Mas o efeito que um Túlio ou um Demóstenes dificilmente conseguiam surtir sobre uma audiência romana ou ateniense, qualquer capuchinho, qualquer pregador, fixo ou itinerante, pode exercer sobre a maioria do gênero humano, e no mais alto grau, ao tocar essas paixões grosseiras e vulgares.

Os muitos exemplos de milagres, profecias e eventos sobrenaturais que em todas as épocas se forjaram, e que foram desmascarados pela evidência em contrário ou se denunciaram por sua absurdidade, dão prova suficiente da forte propensão que o gênero humano possui ao extraordinário e ao maravilhoso, e seria razoável que resultassem em desconfiança contra todos os relatos dessa espécie. Esse é o modo natural de pensar, mesmo com respeito aos eventos mais comuns e mais credíveis. A título de exemplo, não há gênero de boato que tão facilmente se suscite e tão rapidamente se espalhe quanto os que concernem a casamentos, de modo que dois jovens de igual condição podem não ter se visto mais de uma vez, mas logo toda a vizinhança os une. O prazer de contar e propagar uma novidade tão interessante e de ser os primeiros a anunciá-la dissemina a informação. E isso é tão sabido que nenhum homem de bom-senso dá atenção a essas notícias até que maior evidência as confirme. Não fazem as mesmas paixões, e outras ainda mais fortes, com que a maioria do gênero humano se incline a acreditar e propagar, com a máxima veemência e segurança, os milagres religiosos?

Em terceiro lugar, constitui forte presunção em contrário a todos os relatos sobrenaturais e miraculosos a observação de que eles abundam principalmente entre nações bárbaras e ignorantes; ou se um povo civilizado os admite, verificar-se-á que os recebeu de ancestrais bárbaros e ignorantes, que os transmitiram com a sanção e a autoridade invioláveis que sempre acompanham as opiniões recebidas da tradição. Quando lemos as primeiras histórias de todas as nações, tendemos a nos imaginar transportados para um novo mundo, onde toda a estrutura da natureza se dilui, e cada elemento atua de maneira diversa daquela como o faz no presente. Batalhas, revoluções, pestilências, fome e mortes nunca são provocadas pelas causas naturais de que temos experiência. Prodígios, agouros, oráculos e juízos obscurecem em muito os poucos eventos naturais que se lhes intercalam. Mas como os primeiros minguam cada vez mais a cada página que avançamos, à medida que nos aproximamos das épocas esclarecidas, logo nos damos conta de que não há nada de misterioso ou sobrenatural no caso, mas que tudo procede da habitual propensão do gênero humano ao maravilhoso, e que, embora essa inclinação possa de tempos em tempos encontrar freio no bom-senso e no saber, jamais pode ser completamente extirpada da natureza humana.

É estranho, dirá o leitor judicioso ao ler esses historiadores maravilhosos, *que tais eventos prodigiosos nunca aconteçam em nossos dias*. Mas não é estranho, segundo espero, que em todas as épocas os homens mintam. Seguramente encontrastes bastantes exemplos dessa fraqueza. Vós mesmos vistes muitos de tais relatos maravilhosos aparecerem e, por serem tratados com escárnio pelos sábios e judiciosos, acabarem por ser abandonados até pelo vulgo. Estai certos de que as mentiras célebres, que se espalharam e floresceram até altitudes monstruosas, iniciaram-se de igual maneira. Porém, semeadas em solo mais propício, desenvolveram-se tanto que se tornaram um prodígio quase tão grande quanto aqueles que relatam.

Foi uma grande astúcia do falso profeta Alexandre, que, embora agora esteja esquecido, já gozou de grande fama, iniciar suas imposturas na Paflagônia, onde, como nos relata Luciano, o povo era extremamente estúpido e ignorante, pronto a engolir até o mais grosseiro embuste. As pessoas distanciadas, quando fracas o suficiente para considerar a matéria minimamente digna de investigação, não tiveram oportunidade de receber melhores informações. As histórias lhes chegaram aumentadas por uma centena de circunstâncias. Os tolos são industriosos na propagação da impostura, ao passo que os sábios e eruditos contentam-se, em geral, com ridicularizar sua absurdidade, sem se informarem dos fatos particulares mediante os quais ela pode ser distintamente refutada. E assim o mencionado impostor, tendo começado com os ignorantes paflagônios, foi capaz de atrair devotos até entre os filósofos gregos e homens da maior eminência e distinção em Roma; assim também logrou atrair a atenção do sábio imperador Marco Aurélio, a ponto de este confiar o êxito de uma expedição militar às suas profecias embusteiras.

São tão grandes as vantagens de se iniciar uma impostura entre um povo ignorante que, mesmo que o embuste seja demasiado grosseiro para se impor à sua maioria (*o que, embora raramente, por vezes é o caso*), a possibilidade de êxito é muito maior em regiões remotas do que numa cidade renomada pelas artes e o conhecimento. O mais ignorante e bárbaro desses bárbaros faz circular o boato. Nenhum de seus conterrâneos mantém muitas correspondências ou tem crédito ou autoridade suficiente para confrontar o embuste e pô-lo por terra. A inclinação humana para o maravilhoso tem toda a oportunidade de se manifestar. E assim uma história que é universalmente desacreditada no lugar onde se iniciou passa por certa a mil milhas de distância. Mas se Alexandre houvesse fixado residência em Atenas, os filósofos desse renomado centro do saber teriam imediatamente disseminado seu parecer acerca dessa matéria, e, sustentado por tão grande autoridade e exibido com toda a força da razão e da eloquência, ele haveria de fazer com que a humanidade abrisse completamente seus olhos. É verdade que Luciano, ao passar casualmente pela Paflagônia, teve a oportunidade de exercer esse bom ofício. Mas, embora fosse muito de se desejar, nem todo Alexandre depara com um Luciano, pronto a descobrir e expor suas imposturas.[4]

Como *quarta* razão a diminuir a autoridade dos prodígios, pode-se acrescentar que não há depoimento acerca de qualquer um deles, mesmo dos que não foram expressamente desmascarados, ao qual não se oponha um infinito número de outras testemunhas, de modo que não apenas o milagre anula o crédito do testemunho, mas os testemunhos se anulam. Para a melhor compreensão deste ponto, consideremos que, em matéria de religião, tudo o que é diferente é em contrário, e que é impossível que as religiões da Roma antiga, da Turquia, do Sião e da China tenham se estabelecido em fundações sólidas. Relativamente a todo milagre, portanto, que se pretendeu que houvesse ocorrido em qualquer uma dessas religiões (e todas elas abundam em milagres), assim como seu objetivo imediato é estabelecer o sistema particular a que é atribuído, assim também possui a mesma força, embora mais indiretamente, para derrubar todos os demais sistemas. Ao destruir o sistema rival, ele igualmente destrói o crédito dos milagres sobre os quais se estabeleceu aquele sistema, de modo que todos os prodígios das diferentes religiões hão de ser considerados como fatos mutuamente contrários, assim como as

---

[4] Talvez se possa objetar a mim que procedo de modo temerário quando formo minha noção de Alexandre com base meramente no relato fornecido por Luciano, seu inimigo confesso. Seria de fato desejável que alguns dos relatos publicados por seus cúmplices e seguidores perdurassem. Quando o caráter e a conduta de um mesmo homem são descritos por um amigo e por um inimigo, respectivamente, a oposição ou contraste entre essas descrições é tão forte — já na própria vida ordinária, quanto mais nessas questões religiosas — que é como se fosse entre dois homens distintos quaisquer — entre Alexandre e São Paulo, por exemplo. Ver carta a Gilbert West sobre a Conversão e Apostolado de São Paulo.

evidências testemunhais desses prodígios, quer sejam fortes, quer sejam fracas, devem considerar-se como mutuamente opostas. De acordo com esse método de raciocínio, quando cremos em qualquer milagre de Maomé ou de seus sucessores, temos como garantia o testemunho de alguns poucos árabes bárbaros; por outro lado, devemos considerar a autoridade de Tito Lívio, de Plutarco, de Tácito, e, em síntese, de todos os autores e testemunhas gregas, chinesas e católico-romanas que tenham relatado qualquer milagre em suas próprias religiões; essas testemunhas, digo eu, devem ser consideradas como se se referissem ao milagre maometano e o contradissessem em termos expressos, com a mesma convicção com que defendem os milagres que relatam. Este argumento pode parecer demasiado sutil e sofisticado, mas, em verdade, não é diferente do raciocínio de um juiz, que pressupõe que o crédito de duas testemunhas que acusam alguém de um crime é anulado pelo depoimento de duas outras testemunhas que declaram que o acusado estava a duas léguas de distância no instante em que se afirma que o crime foi cometido.

Um dos milagres mais bem atestados em toda a história profana é o que Tácito relata de Vespasiano, que curara um cego em Alexandria por meio de sua saliva, e um coxo, com o mero toque de seu pé, em obediência ao deus Serapis, que os reunira para que apelassem ao imperador que lhes fizesse aquelas curas miraculosas. A história pode ser lida na obra de um eminente historiador,[5] e em seu relato cada circunstância parece conferir mais credibilidade ao testemunho, razão pela qual cada uma delas deve ser integralmente exibida, com a plena força dos argumentos e da eloquência, por quem quer que queira reabilitar o testemunho dessa superstição desacreditada e idólatra. Considerem-se a gravidade, a segurança, a vetustez e a probidade de tão eminente imperador, que ao longo de sua vida manteve as mesmas maneiras familiares na conversação com seus amigos e cortesãos e jamais afetou ares de divindade,

---

[5] *Histórias*, livro IV, cap. 81. Suetônio relata aproximadamente o mesmo na *Vida de Vespásio*.

como o fizeram Alexandre e Demétrio. O historiador foi contemporâneo a ele, notório por sua integridade e veracidade, e, ademais, talvez o maior e mais penetrante gênio de toda a antiguidade, tão isento de toda tendência à credulidade que chegava a recair-lhe a imputação contrária, de ateísta e profano. As pessoas em cuja autoridade o historiador baseia o relato do milagre, todas, como se poderia presumir, de sólida reputação por seu justo juízo e veracidade, foram testemunhas oculares do fato e confirmaram o testemunho depois que a família dos Flávios havia sido afastada do império e já não podia recompensar qualquer mentira. *Ultrumque, qui interfuere, nunc quoque memorant, postquam nullum mendacio pretium.*[6] Se a isso acrescentarmos a natureza pública dos fatos, conforme relatados, veremos que não se pode imaginar evidência mais forte para tão grosseira e patente falsidade.

Há também uma história memorável, relatada pelo Cardeal de Retz, que bem merece nossa consideração. Quando esse político intrigante fugiu para a Espanha, para evitar a perseguição por parte de seus inimigos, ele passou por Saragoça, a capital de Aragão, onde lhe mostraram, na catedral, um homem que por sete anos servira como porteiro, e era sabido de todos na cidade que ele sempre rendera os tributos da devoção naquela igreja. Por muito tempo ele fora visto sem uma perna, mas recobrou o membro pela fricção de óleo santo sobre o cotoco, e o cardeal nos assegura que o viu com ambas as pernas. O milagre foi legitimado segundo todos os cânones da igreja, e toda a gente da cidade foi chamada para a confirmação do fato; e o cardeal observou que essas pessoas, por sua zelosa devoção, criam totalmente no milagre. Aqui o narrador também era contemporâneo do suposto prodígio, e de caráter incrédulo e libertino, assim como de grande genialidade; o milagre era de natureza tão *singular* que dificilmente se poderia forjá-lo; e as testemunhas, muito

---

[6] "Os que assistiram a um e a outro ainda se recordam, mesmo quando nada mais se pode ganhar com a mentira". (Tradução nossa, sobre tradução de Isabelle Folliot) (N. do T.)

numerosas, eram todas de certo modo espectadores do fato do qual dão testemunho. E o que reforça em muito o testemunho, e duplica nossa surpresa, é que o próprio cardeal, que relata a história, não parece dar-lhe crédito algum e, consequentemente, não é suspeito de concorrer para a santa fraude. Ele considerava, com justiça, que para rejeitar um fato dessa natureza não era necessário que se contestassem rigorosamente os testemunhos, que se rastreasse sua falsidade ao longo de todas as circunstâncias de desonestidade e credulidade que o engendraram. Sabia que, se normalmente, a qualquer distância razoável no tempo e no espaço, isso era de todo impossível, então era extremamente difícil que houvesse ocorrido, embora se estivesse imediatamente presente à circunstância, tendo em vista o fanatismo, a ignorância, a astúcia e a velhacaria de grande parte do gênero humano. Concluiu, portanto, como bom raciocinador, que em semelhante testificação a falsidade se mostra às vistas, e que um milagre sustentado pelo testemunho humano é mais propriamente objeto de derrisão do que de argumentação.

Seguramente nunca houve maior número de milagres atribuídos a uma pessoa do que os que recentemente se referiram na França e que se teriam efetuado junto ao túmulo do Abade Paris, famoso jansenista de cuja santidade o povo por tanto tempo se iludiu. A cura dos doentes, o advento da audição a surdos, e da visão a cegos, de tudo isso se falava como efeitos normais daquele santo sepulcro. Mas o mais extraordinário de tudo é que muitos dos milagres foram imediatamente confirmados no mesmo lugar, perante juízes de inquestionável integridade, atestados por testemunhas de crédito e distinção, numa época esclarecida, e no que hoje é o mais eminente palco do mundo. E isso não é tudo: um relato desses milagres foi publicado e distribuído em toda parte; e nem os *jesuítas*, os mais firmes inimigos das opiniões em cujo favor, dizia-se, os milagres haviam-se realizado, sendo um grupo instruído e contando com o apoio do magistrado civil, jamais foram capazes de refutá-los distintamente.[7] Onde mais

[7] O livro em questão foi escrito por M. Montgeron, conselheiro ou magistrado do parlamento de Paris, um homem de prestígio e caráter, que também foi um mártir da causa, e agora, segundo se diz, está num lugar qualquer, numa masmorra, por causa de seu livro.

Há outro livro em três volumes (chamado *Recueil des Miracles de l'Abbé Paris*) que relata muitos desses milagres, acompanhado de discursos prefaciais que estão muito bem escritos. Em todo o livro, contudo, há uma ridícula comparação entre os milagres de nosso Salvador e os do Abade, conforme a qual se assevera que a evidência destes é igual à daqueles, como se o testemunho dos homens pudesse equiparar-se ao do próprio Deus, que guiou a pena dos escribas inspirados. Se, em verdade, esses escribas fossem considerados meros testemunhos humanos, o autor francês teria sido até muito moderado em sua comparação, pois poderia ter pretendido, com alguma aparência de razão, que os milagres jansenistas ultrapassam em muito os outros no que respeita à evidência e à autoridade. As circunstâncias que se seguem foram extraídas de escritos autênticos inseridos no livro acima mencionado.

Muitos dos milagres do Abade Paris foram imediatamente comprovados por testemunhas perante o Santo Ofício, ou a corte eclesiástica de Paris, sob as vistas do cardeal Noailles, cuja fama de íntegro e capaz jamais foi contestada, nem por seus inimigos.

Seu sucessor no arcebispado era um inimigo dos jansenistas, e por essa razão foi nomeado para a regência da diocese à qual estava submetida a corte. Ainda assim, 22 reitores ou *curés* de Paris, com infinita dedicação, pressionaram-no a examinar esses milagres, que eles afirmavam ser conhecidos no mundo inteiro, e incontestavelmente certos. Mas ele sabiamente absteve-se.

Os molinistas tentaram desacreditar os milagres em um caso, o de Mlle le Franc. Mas, além de seus procedimentos serem, em muitos aspectos, os mais irregulares do mundo, particularmente na citação de apenas algumas poucas testemunhas jansenistas, que eles manipularam, além disso, digo, eles logo se viram submersos por uma multidão de novas testemunhas, em número de cento e vinte, em sua maioria pessoas de crédito e riqueza em Paris, que deram fé do milagre. Isso se acompanhou de um solene e vigoroso apelo ao parlamento. O parlamento, contudo, foi proibido pela autoridade superior de mediar a querela. Por fim, pôde-se observar que, quando os homens são inflamados pelo zelo e o entusiasmo, não há testemunho humano, em qualquer grau que seja, que não se possa granjear para qualquer absurdo, por maior que seja. E aqueles que forem tolos o bastante para avaliar a questão por esse lado e procurarem por falhas particulares no testemunho, quase certamente serão confundidos. Muito infeliz será a impostura que não prevalecer numa controvérsia como essa.

Todos os que estiveram na França durante esse período ouviram falar na reputação de M. Heraut, o *lieutenant de police*, cuja vigilância, sagacidade, presteza e inteligência eram muito celebradas. Esse magistrado que, pela natureza de sua função, é quase absoluto, foi investido de plenos poderes, com o propósito de abafar ou desacreditar esses milagres; com frequência ele se ocupava diretamente dos fatos e inquiria as testemunhas e os que foram objeto dos milagres, sem, contudo, obter nada de conclusivo contra eles.

No caso de Mlle Thibaut, designou-se o famoso De Sylva para examiná-la, e seu depoimento é muito curioso. O médico declara que era impossível que ela houvesse estado tão doente como afirmado pelas testemunhas, pois era impossível que em tão curto período ela se houvesse recobrado tão perfeitamente como a encontrou. Como homem de bom-senso, ele raciocinava com base em causas naturais; mas os defensores da causa oposta afirmaram-lhe que tudo era um milagre, e que seu depoimento era a maior prova disso.

Os molinistas estavam num triste dilema. Não ousavam afirmar a absoluta insuficiência das evidências testemunhais para provar um milagre. Foram obrigados a dizer que esses milagres eram obra de bruxaria ou do demônio. Mas retrucaram-lhes que esse foi o recurso utilizado pelos judeus da antiguidade.

Nenhum jansenista jamais se viu em dificuldades para explicar a cessação dos milagres após o fechamento do cemitério, por decreto real. Era ao toque do túmulo que se produziam os feitos extraordinários, e depois que não se podia mais aproximar dele, não se poderia esperar mais feito algum. Seguramente Deus poderia ter derribado os muros em um instante, mas Ele é senhor de suas graças e obras, e não nos é dado saber de seus desígnios. Ele não derribou os muros de todas as cidades como o fez em Jericó, ao soar das trombetas, nem abriu as prisões de todos os apóstolos, como o fez com São Paulo.

Ninguém menos do que o *Duc* de Cantillon, duque e par da França, da mais alta posição e nobre família, deu testemunho de uma cura miraculosa, operada em seu serviçal, que vivera vários anos em sua residência com uma enfermidade visível e patente.

Concluirei com esta observação, que não há clérigos mais célebres pelo rigor com que conduzem suas vidas e maneiras do que o clero secular da França, particularmente os reitores ou curas de Paris, que deram testemunho dessas imposturas.

A cultura, o gênio e a probidade dos cavalheiros de Port-Royal, bem como a austeridade de suas monjas, são célebres em toda a Europa. Ainda assim, todos eles deram testemunho de um milagre, operado sobre a sobrinha do ilustre Pascal, cuja vida, levada em santidade, e extraordinário intelecto são bem conhecidos. O célebre Racine faz um relato desse milagre em sua famosa *História de Port-Royal*, e o reforça com todos os testemunhos dados encontraremos um tal número de circunstâncias concordes para a corroboração de um único fato? E o que teremos a opor a essa multidão de testemunhas, a não ser a absoluta impossibilidade ou a natureza miraculosa dos eventos que relatam? Mas seguramente isso por si só já será suficiente, aos olhos de todas as pessoas razoáveis, para refutá-los.

É justa esta consequência, que dado que alguns testemunhos humanos têm a máxima força e autoridade em certos casos, como, por exemplo, quando se relatam as batalhas de Filipo ou de Farsália, então todos os gêneros de testemunho devem, em todos os casos, ter igual força e autoridade? Suponde que cada uma das facções de César e de Pompeu reivindicasse ter ganho aquelas batalhas, e que os historiadores de cada grupo atribuíssem a superioridade ao seu próprio partido; como o gênero humano conseguiria, à atual distância dos fatos, decidir entre eles? A contrariedade é igualmente forte entre os milagres relatados por Heródoto ou Plutarco e os narrados por Mariana, Beda ou qualquer outro historiador monástico.

O sábio é bastante acadêmico no crédito que dá a qualquer relato que favorece a paixão do relator, quando este exalta

---

por um vasto grupo de monjas, padres, médicos e mundanos, todos de credibilidade incontestável. Muitos homens de letras, particularmente o bispo de Tournay, consideraram esse milagre tão indubitável que o utilizaram na refutação de ateístas e livres-pensadores. A rainha regente, que fazia muito má opinião de Port-Royal, enviou seu próprio médico para examinar o milagre, o qual, ao retornar, estava absolutamente converso. Em síntese, a cura sobrenatural era tão incontestável que por algum tempo resguardou aquele monastério da desgraça em que os jesuítas ameaçavam fazê-lo cair. Fosse uma fraude, seguramente esses poderosos e sagazes antagonistas o teriam detectado, e a ruína de seus defensores se teria precipitado. Nossos religiosos, que com o mesquinho material de que dispõem conseguem construir um formidável castelo, que prodigiosas construções não teriam erigido com essas circunstâncias e outras que deixei de mencionar! Quantas vezes os grandes nomes de Pascal, Racine, Arnaud, Nicole não teriam ressoado em nossos ouvidos? Mas, se forem astutos, terão por bem adotar o milagre, que vale mil vezes mais do que todo o resto da coleção. Além disso, ele pode ser de grande serventia para os seus propósitos. Pois o milagre fez-se realmente pelo contato com um autêntico espinho sagrado da espinheira sagrada, que constituiu a coroa sagrada, que etc.

seu país, sua família ou a si mesmo, ou quando quer que transija com suas inclinações ou propensões naturais. Mas haverá maior tentação do que apresentar-se como um missionário, um profeta, um embaixador dos céus? Quem não enfrentaria muitos perigos e dificuldades para estar à altura de tão sublime personagem? Ou se, com a ajuda da vaidade e de uma imaginação inflamada, um homem acaba por se converter e passa a acreditar seriamente na ilusão, quem nessa condição terá escrúpulos em fazer uso de fraudes piedosas em prol de uma causa tão santa e meritória?

Aqui qualquer mínima centelha abrasa-se na mais ardente flama, porque os materiais estão sempre prontos para tanto. *Avidum genus articularum,*[8] o populacho, curioso, acolhe avidamente, sem exame, o que quer que insufle a superstição e promova o espanto.

Quantas histórias dessa natureza não foram em todos os tempos descobertas e desacreditadas ainda no nascedouro? Quantas mais não alcançaram fama por algum tempo e posteriormente caíram no abandono e no esquecimento? Portanto, quando relatos assim são aventados, a solução do fenômeno é óbvia, e julgamos segundo a experiência e a observação regulares quando o explicamos conforme os princípios naturais e conhecidos da credulidade e da ilusão. E deveríamos nós, ao invés de recorrer a solução tão natural, convir numa violação miraculosa das mais sólidas leis da natureza?

Não é preciso que mencione a dificuldade que há em detectar falsidades na história, seja sobre um fato privado, seja inclusive sobre um fato público, e isso já no próprio local onde se diz ter ocorrido, quanto mais em locais afastados, por menos distantes que sejam. Mesmo uma corte de judicatura, com toda a autoridade, o rigor e o bom-senso de seus membros, por vezes se acha em dificuldade para distinguir entre a verdade e a falsidade, ainda que respeitantes a ações muito recentes. Mas quando a questão é confiada à prática comum das altercações e debates, ao sabor dos rumores, e especialmente quando as

---

[8] "Gênero ávido pelo que lhe toque os ouvidos", Lucrécio. (N. do T.)

paixões humanas tomam parte em qualquer dos lados, então é que nunca se chega a conclusão alguma.

Na infância das novas religiões, os sábios e instruídos normalmente consideram o assunto excessivamente desimportante para merecer sua atenção ou cuidado. Quando, posteriormente, desejam energicamente denunciar o embuste, a fim de abrir os olhos da multidão iludida, a oportunidade já passou, e os registros e as testemunhas que poderiam pô-lo às claras já estão irrecuperavelmente perdidos.

Não há mais como fazê-lo transparecer, senão exclusivamente a partir do testemunho deixado pelos que relataram os milagres, mas esse método, embora suficiente para os cultos e judiciosos, é sempre demasiadamente rebuscado para cair na compreensão do vulgo.

Tudo considerado, pois, fica claro que nenhum testemunho jamais chegou a ser uma probabilidade, muito menos uma prova; e mesmo supondo-se que ele equivalesse a uma prova, a ele se oporia outra prova, inerente à própria natureza do fato que ele pretende estabelecer. É apenas a experiência que confere autoridade ao testemunho humano, e é a mesma experiência que nos assegura das leis da natureza. Quando, portanto, esses dois gêneros de experiência são mutuamente contrários, nada temos a fazer senão subtrair um do outro e acolher uma das opiniões, seja de um dos lados, seja do outro, com a segurança proporcionada pela diferença. Mas de acordo com os princípios explicados aqui, essa subtração, relativamente a todas as religiões populares, resulta em completa aniquilação; e portanto podemos estabelecer como máxima que nenhum testemunho humano pode ter força suficiente para provar um milagre e fazer dele o fundamento de qualquer sistema de religião.

Peço que se atente para as condições aqui estabelecidas quando digo que um milagre nunca pode ser suficientemente comprovado para ser o fundamento de um sistema de religião. Pois admito que, sob outras condições, possa haver milagres ou violações do curso habitual da natureza que sejam de uma espécie tal que se sujeitem à comprovação pelo testemunho humano, embora talvez seja impossível encontrá-los em qualquer registro histórico. Assim, suponde que todos os autores de todas as línguas concordem que, a partir do dia primeiro de janeiro de 1600, toda a Terra caiu em total escuridão por oito dias; suponde que a tradição desse evento extraordinário ainda esteja forte e viva entre o povo; que todos os viajantes que retornem de países estrangeiros nos tragam relatos da mesma tradição, sem a menor variação ou contradição; será evidente, então, que nossos atuais filósofos, em vez de duvidarem do fato, deveriam aceitá-lo como certo e deveriam buscar pelas causas que o originaram. A decadência, a corrupção e a dissolução da natureza são eventos que tantas analogias já mostraram prováveis que qualquer fenômeno que pareça tender para essa catástrofe é passível de ser comprovado pelo testemunho humano, contanto que esse testemunho seja bastante disseminado e uniforme.

Mas suponde que todos os historiadores que tratam da Inglaterra concordassem que em primeiro de janeiro de 1600 a rainha Elizabete morreu; e que tanto antes como depois de sua morte ela foi vista por seus médicos e por toda a corte, como é de costume entre pessoas de sua posição; que seu sucessor foi reconhecido e proclamado pelo parlamento; e que um mês depois de seu sepultamento ela reapareceu, reassumiu o trono e governou a Inglaterra por mais três anos. Devo confessar que me surpreenderia com a concorrência de tantas circunstâncias estranhas, mas não teria a menor inclinação a acreditar em tão miraculoso evento. Não duvidaria da pretensa morte, nem das circunstâncias públicas que a cercaram; afirmaria apenas que essa morte foi simulada, que não foi, nem poderia ser real. Em vão me objetaríeis a dificuldade e a quase impossibilidade de se ludibriar o mundo todo em assunto de tanta importância; a sabedoria e o sólido juízo dessa renomada rainha; assim como a pouca e duvidosa vantagem que ela poderia obter com tão pobre artifício. Tudo isso me causaria espanto, mas ainda assim replicaria que a tolice e a velhacaria dos homens são fenômenos tão comuns que é preferível acreditar que os mais extraordinários eventos provenham daí a admitir tão vultosa violação das leis da natureza.

Se esse milagre, porém, fosse atribuído a algum novo sistema religioso, tantas vezes os homens têm sido ludibriados por histórias ridículas desse gênero que essa circunstância mesma já se constituiria numa prova completa do embuste, e seria suficiente entre os homens de bom-senso não só para fazê-los rejeitar o fato, mas inclusive para rejeitá-lo sem maior exame. Embora o Ser a quem se atribui o milagre seja, nesse caso, Todo-Poderoso, isso não o torna nem um pouco mais provável, visto que nos é impossível conhecer os atributos ou as ações de tal Ser, senão pela experiência que temos de suas obras no curso habitual da natureza. Ainda aqui contamos apenas com a observação passada, o que nos obriga a comparar os casos de violação da verdade nos testemunhos humanos com os de violação das leis da natureza através de milagres, a fim de julgarmos o que é mais plausível e provável. E nos testemunhos humanos acerca de milagres religiosos as violações da verdade são mais comuns do que nos que dizem respeito a outras questões de fato. Isso deve diminuir muitíssimo a autoridade dos primeiros e fazer-nos adotar a resolução genérica de jamais conceder qualquer atenção a eles, quaisquer que sejam os pretextos especiosos de que se revestem.

Lorde Bacon parece ter seguido os mesmos princípios em seu raciocínio. "Devemos", diz ele, "fazer uma coleção ou história particular de todos os monstros e produções e nascimentos prodigiosos, ou, em uma palavra, de tudo quanto seja novo, raro e extraordinário na natureza. Mas isso deve ser feito segundo a mais rigorosa análise, a fim de que não nos desviemos da verdade. Acima de tudo, deve-se considerar suspeito todo relato que guarde qualquer grau de dependência da religião, como os prodígios de Lívio; e isso vale igualmente para tudo que se encontre nos autores que tratam de mágica natural ou alquimia e outros temas semelhantes, autores estes que, ao que parece, possuem todos, sem exceção, um implacável apetite pela falsidade e a fabulação."[9]

Agrado-me ainda mais do método de raciocínio aqui recomendado quando penso que pode servir para consternar os amigos perigosos ou os inimigos dissimulados da *Religião Cristã*, que pretendem defendê-la por meio dos princípios da razão humana. Nossa santíssima religião se funda na *Fé*, não na razão, e um modo infalível de colocá-la em risco é submetê-la a uma prova que não pode por meio algum enfrentar. Para que isso fique mais evidente, examinemos os milagres relatados na Sagrada Escritura; e para que não nos percamos em terreno demasiado vasto, restrinjamo-nos aos que encontramos no *Pentateuco*, que examinaremos conforme os princípios desses pretensos cristãos, isto é, não como a palavra ou o testemunho do próprio Deus, mas como obra de um mero escriba ou historiador humano. Aqui, portanto, havemos primeiro de considerá-lo como um livro que nos foi apresentado por um povo bárbaro e ignorante, escrito num tempo em que era ainda mais bárbaro, e, segundo todas as probabilidades, muito posteriormente aos fatos que relata; que não é corroborado por nenhum testemunho paralelo, e que se assemelha às explicações fabulosas que todas as nações apresentam de suas origens. Ao lermos esse livro, verificamos que é pleno de prodígios e milagres. Relata o mundo e a natureza humana num estado inteiramente diverso do atual; nossa queda daquele estado; a idade dos homens a estender-se por cerca de mil anos; a destruição do mundo por um dilúvio; a escolha arbitrária de um povo como favorito dos céus; povo este de que o autor se mostra compatriota; e sua libertação da escravidão por meio dos mais espantosos prodígios imagináveis. Gostaria que alguém pusesse a mão no peito e, depois de refletir seriamente, declarasse se considera ou não que a possibilidade de ser falso um livro como esse, sustentado por um testemunho como esse, é mais extraordinária e miraculosa do que todos os milagres que ele re-

[9] *Novum Organum*, livro II, aforismo 29.

lata; o que, no entanto, é necessário para que ele seja aceito, conforme as ponderações de probabilidade estabelecidas acima.

O que afirmamos dos milagres pode aplicar-se sem quaisquer variações às profecias; e, com efeito, todas as profecias são realmente milagres, e apenas como tais podem ser aceitas como provas de qualquer revelação. Se não excedesse à capacidade natural do homem a predição de eventos futuros, seria absurdo empregar qualquer profecia como argumento comprobatório de alguma missão divina ou de alguma autoridade conferida pelos céus. De modo que, tudo considerado, podemos concluir que a *Religião Cristã* não apenas foi desde o início acompanhada por milagres, como também até hoje não pode receber crédito de qualquer pessoa razoável sem a operação de outro. A mera razão é insuficiente para convencer-nos de sua veracidade, e todo aquele que é levado pela *Fé* a dar-lhe assentimento está consciente de um contínuo milagre que se opera em sua pessoa, que subverte todos os princípios de seu entendimento e o determina a acreditar no que é totalmente contrário ao costume e à experiência.

Seção 11

DE UMA PROVIDÊNCIA PARTICULAR E DE UM ESTADO FUTURO[†]

Recentemente estive em conversação com um amigo que adora paradoxos céticos, e embora ele tenha exposto vários princípios com os quais não posso de modo algum concordar, ainda assim, como, ao que parece, são curiosos e guardam alguma relação com a linha de raciocínio desenvolvida ao longo desta investigação, aqui os transcreverei de memória o mais precisamente que puder, a fim de submetê-los ao julgamento do leitor.

Nossa conversação iniciou-se com minha admiração pela singular fortuna da filosofia, a qual, por necessitar, acima de todos os outros privilégios, de plena liberdade, e florescer principalmente com a livre confrontação de sentimentos e argumentos, teve seu nascimento numa época e num país de liberdade e tolerância, e jamais foi impedida por nenhum credo, confissão ou estatuto penal. Pois, exceto pelo banimento de Protágoras e a morte de Sócrates, esta última em parte por outros motivos, raramente encontramos na história antiga exemplos da hostilidade fanática que tanto infesta nossa época. Epicuro viveu em Atenas na paz e na tranquilidade até uma idade avançada; chegou-se a aceitar que alguns epicuristas[1] fossem ordenados

---

[†] Na primeira edição o título desta seção era: "Das consequências práticas da religião natural". (N. do T.)

[1] [Cf.] *A Beberronia ou Os Lápitos*, de Luciano.

sacerdotes e oficiassem nos altares os ritos mais sagrados da religião existente; e o fomento público,[2] na forma de bolsas e ordenados, foi estendido pelo mais sábio dos imperadores romanos,[3] de forma igualitária, a todos os professores de cada seita filosófica. O quanto esse tratamento gentil foi indispensável para a filosofia em seus anos de juventude é algo que se pode facilmente conceber quando se reflete que, mesmo no presente, quando se pode supor que esteja mais firme e robusta, é com muita dificuldade que ela enfrenta a inclemência das estações e as severas rajadas de calúnia e opressão que sopram sobre ela.

O que admirais como singular boa fortuna da filosofia, diz meu amigo, parece resultar do curso natural das coisas e ser algo inevitável em todas as épocas e nações. O obstinado fanatismo de que reclamais, e que dizeis ser tão letal para a filosofia, em realidade é seu rebento que, após aliar-se com a superstição, afasta-se inteiramente dos cuidados de sua progenitora e torna-se seu mais inveterado inimigo e perseguidor. Os dogmas especulativos da religião, que atualmente ocasionam tão furiosas disputas, não poderiam de modo algum ser concebidos ou admitidos nos primeiros tempos do mundo, quando o gênero humano, totalmente iletrado, fazia uma ideia de religião que melhor se adequava à sua escassa compreensão, e seus credos sagrados se compunham principalmente de histórias ao modo das crenças tradicionais, muito mais do que de temas de argumentação e disputa. Passado, assim, o primeiro momento de sobressalto, em virtude dos novos paradoxos e princípios trazidos pelos filósofos, esses professores parecem ter vivido todo o resto dos tempos da antiguidade em grande harmonia com a superstição existente, e parecem ter feito com esta uma repartição justa do gênero humano, os primeiros reclamando para si os sábios e instruídos, e a última dominando as massas iletradas.

Com que então, digo eu, parece que deixais a política inteiramente fora dessa questão, e jamais supondes que um

---

[2] [Cf.] *O Eunuco*, de Luciano.
[3] [Segundo referem] Luciano e Dio.

sábio magistrado pode justamente lançar suspeitas sobre certas doutrinas da filosofia, como as de Epicuro, as quais, ao negar a existência da divindade e, consequentemente, uma providência e um estado futuro, parecem afrouxar em larga medida os laços da moralidade, e por essa razão podem ser consideradas perniciosas para a paz da sociedade civil.

O que sei, replicou ele, é que em verdade essas perseguições nunca, em época alguma, provieram da razão serena ou da experiência das consequências perniciosas da filosofia, porém originaram-se inteiramente da paixão e do preconceito. Mas se eu avançasse ainda mais e afirmasse que, se Epicuro houvesse sido acusado perante o povo por um dos *sicofantas* ou informantes daqueles tempos, ele poderia ter facilmente defendido sua causa e provado que seus princípios filosóficos eram tão salutares quanto os de seus adversários, que com tal zelo buscavam expô-lo ao ódio e à hostilidade do público?

Desejo, disse eu, que experimenteis vossa eloquência em tão extraordinário tópico e façais por Epicuro um discurso que satisfaça não à turba ateniense, se consentirdes que nessa antiga e refinada cidade existia alguma turba, mas à parcela mais filosófica de sua audiência, os que se poderiam supor capazes de compreender seus argumentos.

A questão não seria difícil em tais condições, replicou ele, e se assim quereis, supor-me-ei Epicuro por um momento, e farei com que vos passeis pelo povo ateniense, e vos proferirei um discurso tal que fará com que a urna fique abarrotada de feijões brancos, sem deixar um único grão negro para gratificar a malevolência de meus adversários.

Muito bem; peço-vos que prossigais segundo tais pressupostos.

Aqui venho, ó atenienses, para justificar em vossa assembleia o que sustentava em minha escola, e me vejo atacado por antagonistas furiosos, ao invés de raciocinar com inquiridores serenos e desapaixonados. Vossas deliberações, que de direito deveriam voltar-se para questões relativas ao bem público e ao interesse da nação, são desviadas para disquirições de filosofia especulativa e essas esplêndidas, porém talvez infrutíferas investigações tomam o lugar de vossas ocupações mais simples, porém mais úteis. Mas tanto quanto estiver em meu poder, impedirei esse abuso. Aqui não disputaremos acerca da origem e do governo dos mundos. Examinaremos apenas o quanto essas questões concernem ao interesse público. E se puder persuadir--vos de que são inteiramente indiferentes para a paz da sociedade e a segurança do governo, espero que nos mandareis imediatamente de volta para nossas escolas, para lá examinarmos livremente a mais sublime, mas ao mesmo tempo a mais especulativa questão de toda a filosofia.

Os filósofos religiosos, não satisfeitos com a tradição de vossos ancestrais e a doutrina de vossos sacerdotes (às quais de bom grado aquiesço), cedem a uma curiosidade temerária ao experimentar até onde podem alicerçar a religião nos princípios da razão; e assim procedendo, incitam, ao invés de satisfazer as dúvidas que naturalmente emergem de uma investigação diligente e minuciosa. Pintam nas cores mais esplêndidas a ordem, a beleza e a sábia constituição do universo, e então indagam se tão gloriosa manifestação de inteligência poderia advir do concurso fortuito dos átomos, ou se o acaso poderia produzir algo que o maior dos gênios jamais terá admirado suficientemente. Não examinarei a justeza desse argumento. Admitirei que seja tão sólido quanto queiram meus acusadores e antagonistas. Será suficiente se eu puder provar, a partir desse mesmo raciocínio, que a questão é inteiramente especulativa e que, em minhas disquirições filosóficas, quando nego que haja uma providência e um estado futuro, não solapo os alicerces da sociedade, mas promovo princípios que eles próprios, segundo suas próprias doutrinas, se raciocinarem de forma consistente haverão de aceitar como sólidos e satisfatórios.

Vós, pois, que sois meus acusadores, reconhecestes que o principal ou o único argumento pela existência da divindade (que jamais questionei) é extraído da ordem da natureza, em que aparecem tais marcas de inteligência e desígnio que julgais extravagante atribuir-lhe como causa seja o acaso, seja a força cega e desgovernada da matéria. Reconheceis que este é um argumento que vai dos efeitos às causas. Do ordenamento da obra inferis que deve ter havido intenção e presciência no obreiro. Se não puderdes assentar esse ponto, admitis que vossa conclusão cai; e não pretendeis estabelecer a conclusão em nada além do que os fenômenos da natureza podem justificar. Isso é o que reconheceis. Desejo que atenteis para as consequências.

Quando inferimos qualquer causa particular a partir de um efeito, devemos proporcionar um ao outro, e jamais se poderá admitir que atribuamos à causa quaisquer qualidades que não as que sejam exatamente suficientes para produzir os efeitos. Um objeto de dez onças erguido num dos pratos de uma balança pode servir de prova de que o contrapeso excede a dez onças, mas jamais pode justificar a conclusão de que ele excede a cem. Se a causa assinalada para um efeito qualquer não for suficiente para produzi-lo, devemos rejeitar essa causa ou acrescentar a ela qualidades tais que ajustem sua proporção com o efeito. Mas se lhe atribuímos ainda mais qualidades ou afirmamos que é capaz de produzir outros efeitos, não fazemos senão aceitar uma conjetura abusiva e supor arbitrariamente a existência de qualidades e energias, sem qualquer razão ou autoridade para tanto.

A mesma regra permanece válida quer quando a causa assinalada seja a matéria inconsciente bruta, quer quando seja um ser racional inteligente. Se a causa for conhecida apenas pelo efeito, jamais devemos atribuir-lhe quaisquer qualidades além das que sejam precisamente necessárias para produzir o efeito. Nem tampouco podemos, conforme as regras do justo raciocínio, a partir da causa voltar a inferir outros efeitos além daqueles pelos quais unicamente ela nos é conhecida. Não se poderia saber, à mera vista de uma das pinturas de Zeuxis, que ele também era escultor ou arquiteto, e que não era artista menos hábil com a pedra e o mármore do que com as cores. Os talentos e o gosto manifestos nesta obra à nossa frente, estes podemos seguramente concluir que o obreiro os possuía. A causa deve proporcionar-se de acordo com o efeito; e se a proporcionarmos exata e precisamente, jamais encontraremos nela qualidades que indiquem algo mais, ou que permitam inferências acerca de qualquer outro desígnio ou atuação. Tais qualidades devem exceder em algum tanto o que é meramente necessário para a produção do efeito que examinamos.

Se concedermos, portanto, que os deuses sejam os autores da existência ou da ordenação do universo, seguir-se-á que eles possuem precisamente o grau de força, inteligência e benevolência que aparece em sua obra, mas nada mais podemos provar, a não ser que apelemos para o exagero e a adulação para suprir as deficiências dos argumentos e do raciocínio. O mesmo grau em que os traços de quaisquer atributos aparecem no presente é o grau máximo em que podemos concluir que eles existem. A suposição de maiores atributos não passa de uma hipótese, e mais ainda isso se aplica à suposição de que em regiões do espaço ou períodos de tempo distantes tenha havido ou venha a haver uma mostra mais magnificente desses atributos, ou um modo de ordenação mais adequado a tais virtudes imaginárias. Jamais se pode aceitar que ascendamos do universo, que é o efeito, para Júpiter, a causa; para então descermos novamente e inferirmos um novo efeito qualquer a partir daquela causa; como se os efeitos que nos são presentes não fossem por si sós inteiramente dignos dos gloriosos atributos que atribuímos a essa deidade. Uma vez que o conhecimento da causa deriva exclusivamente do efeito, eles devem ajustar-se exatamente um ao outro; e aquela jamais pode referir-se a nada além deste, nem ser o fundamento de qualquer nova inferência ou conclusão.

Deparais com certos fenômenos na natureza. Procurais uma causa ou autor. Imaginais que o encontrastes. Posteriormente passais a estar tão enamorados desse rebento de vossas mentes que imaginais que seja impossível que ele não produza algo maior e mais perfeito do que o presente estado de coisas, tão cheio de males e desordem. Esqueceis que essa inteligência e essa benevolência superlativas são inteiramente imaginárias, ou ao menos sem qualquer fundamento na razão; e que não tendes base para atribuir-lhe quaisquer qualidades que não aquelas que vedes efetivamente externadas e manifestas em suas produções. Deixai vossos deuses, pois, ó filósofos, em conformidade com as atuais aparências da natureza; e não ouseis alterar essas aparências por suposições arbitrárias a fim de conformá-las aos atributos que tão afetuosamente conferis às vossas deidades.

Quando os sacerdotes e os poetas, apoiados por vossa autoridade, Ó Atenienses, falam de uma era de ouro ou de prata que precedeu ao presente estado de vício e miséria, ouço-os com atenção e reverência. Mas quando os filósofos, que pretendem desatender a autoridade e cultivar a razão, sustentam o mesmo discurso, admito que não lhes presto a mesma submissão obsequiosa, nem a mesma deferência piedosa. Pergunto: Quem os levou até as regiões celestes? Quem os admitiu nos concílios dos deuses? Quem lhes abriu o livro do destino, para que afirmem assim, precipitadamente, que eles realizaram ou realizarão qualquer propósito além do que de fato nos aparece? Se me disserem que têm-se elevado por degraus, ou pela ascensão gradual da razão e pela inferência das causas a partir dos efeitos, insisto ainda que nessa subida eles usaram as asas da imaginação para auxiliar a razão, pois de outro modo não poderiam inverter dessa maneira seu modo de inferência e passar a argumentar sobre os efeitos a partir das causas, como o fazem ao presumir que uma obra mais perfeita do que o mundo atual seria mais bem conformada a seres tão perfeitos como os deuses, esquecendo-se, assim, de que não têm razão alguma para atribuir a esses seres celestiais qualquer perfeição ou atributo que não os que se podem verificar no mundo atual.

Vem daí todo o esforço em vão empregado para explicar os maus aspectos da natureza e resguardar a honra dos deuses, ao mesmo tempo em que somos obrigados a reconhecer a realidade do mal e da desordem que tanto abundam no mundo. A inflexibilidade e a persistência das qualidades da matéria, dizem-nos, ou a observância de leis gerais, ou alguma razão desse gênero foi a única causa da contenção do poder e da benevolência de Júpiter, e o obrigou a criar o gênero humano e cada criatura sensível em tão imperfeito e infeliz estado. Assim, tais atributos, ao que parece, são previamente tomados por certos e em seu maior grau. E sob tais pressupostos, admito que essas conjeturas talvez possam ser acolhidas como soluções plausíveis para os maus fenômenos. Mas ainda assim, pergunto: Por que tomar esses atributos por certos, ou por que atribuir à causa quaisquer qualidades que não as que de fato aparecem no efeito? Por que atormentar vosso cérebro para justificar o curso da natureza segundo pressupostos que, vós bem o sabeis, podem ser inteiramente imaginários e dos quais não se há de encontrar traço algum no próprio curso da natureza?

A hipótese religiosa, portanto, deve ser considerada apenas como um método particular para explicar os fenômenos visíveis do universo; mas nenhum raciocinador exato jamais ousará a partir dele inferir um único fato sequer, nem alterar ou acrescentar algo aos fenômenos em nenhum aspecto particular, seja qual for. Se julgais que as aparências das coisas provam tais causas, pode-se apenas admitir que tireis uma inferência acerca da existência dessas causas. Nesses temas sublimes e intricados, dever-se-ia consentir que todos tivessem a liberdade de conjeturar e argumentar. Mas não deveríeis ultrapassar este ponto. Se, com base na causa inferida, tirardes uma nova conclusão, de que existiu ou existirá no curso da natureza qualquer outro fato que possa servir de prova mais completa para certos atributos particulares, devo advertir-vos de que vos desviais do método de raciocínio associado ao presente tema, e certamente acrescentais aos atributos da causa algo além do que aparece no efeito; ou do contrário jamais poderíeis com tolerável bom-senso ou propriedade acrescentar qualquer coisa ao efeito a fim de torná-lo mais digno da causa.

Onde, pois, está o caráter odioso da doutrina que ensino em minha escola, ou antes, que examino em meus jardins? Ou o que encontrais em toda essa questão que afete minimamente a manutenção da boa moral ou a paz e a ordem da sociedade?

Eu nego que haja uma providência, segundo dizeis, e um regente supremo do mundo que conduza o curso dos eventos, que puna os viciosos com a infâmia e a desdita e recompense os virtuosos com a honra e o triunfo em todos os seus empreendimentos. Mas seguramente não nego o curso mesmo dos eventos, que permanece aberto à investigação e ao exame de todos. Reconheço que na atual ordem de coisas a virtude é acompanhada de mais paz de espírito do que o vício, e encontra recepção mais favorável no mundo. Tenho clareza de que, segundo a experiência passada do gênero humano, a amizade é a maior alegria da vida humana, e a moderação, a única fonte de tranquilidade e felicidade. Jamais hesito entre a vida virtuosa e a viciosa, mas tenho clareza de que, para um espírito bem intencionado, toda a vantagem está do lado da primeira. E o que mais podeis dizer com todas as vossas suposições e raciocínios? Dizeis, é certo, que tal disposição de coisas procede da inteligência e do desígnio. Mas de onde quer que proceda, a própria disposição de que depende nossa felicidade ou miséria, e consequentemente nossa conduta e proceder em vida, permanece a mesma. Permanece aberto para mim, como para vós, regular meu comportamento pela minha experiência dos eventos passados. E se afirmais que, em se admitindo uma providência divina e uma justiça distributiva suprema no universo, devo esperar alguma recompensa mais determinada do bem e uma punição do mal, para além do curso ordinário dos eventos, encontro aqui a mesma falácia que antes procurei evidenciar. Perseverais em imaginar que, se tomamos por certa aquela existência divina pela qual tão fervorosamente contendeis, podeis seguramente inferir consequências dela e acrescentar algo à ordem que experimentamos da natureza, mediante raciocínio a partir dos atributos que imputais a vossos deuses. Não pareceis lembrar-vos que todos os vossos raciocínios sobre esse tema só podem ser derivados dos efeitos para as causas; e que todo argumento deduzido das causas para os efeitos deve necessariamente ser um sofisma grosseiro, visto que vos é impossível conhecer qualquer coisa da causa que não o que anteriormente descobristes — não inferistes — inteiramente no efeito.

Mas que deve pensar um filósofo desses raciocinadores vãos que, em vez de considerarem o atual estado de coisas como o único objeto de sua contemplação, invertem todo o curso da natureza, a ponto de tornar esta vida em mera passagem para algo mais além, pórtico que conduz a um prédio mais grandioso e vastamente diverso, um prólogo, que serve apenas para introduzir a peça e dar-lhe mais graça e propriedade? De onde pensais que esses filósofos podem tirar a ideia que fazem dos deuses? Seguramente de sua própria imaginação e arbítrio. Pois se a derivassem dos fenômenos que se verificam no presente, ela jamais apontaria para nada além, mas se ajustaria exatamente a eles. Que a divindade *possivelmente* seja dotada de atributos que jamais vimos realizarem-se, ou se governe por princípios de ação que não temos como perceber, mas que são cumpridos, tudo isso de bom grado se concederá. Mesmo assim, trata-se ainda de mera *possibilidade* ou hipótese. Jamais teremos razão para *inferir* quaisquer atributos ou princípios de ação na divindade, a não ser os que sabemos que se realizaram e se cumpriram.

Há sinais de uma justiça distributiva no mundo? Se responderdes afirmativamente, concluo que, uma vez que a justiça aqui se realiza, ela é cumprida. Se replicardes negativamente, concluo então que não tendes razão alguma para atribuir a justiça, no sentido em que a entendemos, aos deuses. Se sustentardes uma posição intermediária entre a afirmação e a negação, declarando que no presente a justiça dos deuses realiza-se em parte, mas não em sua plenitude, respondo que não tendes razão alguma para lhe atribuir qualquer extensão que não precisamente aquela que vedes *no presente*.

Assim, ó atenienses, reduzo a controvérsia a um breve debate com meus antagonistas. O curso da natureza permanece aberto à minha contemplação, como também à deles. A série de eventos de que se tem experiência é o grande padrão pelo qual todos nós regulamos nossa conduta. Para nada mais se pode apelar, seja no campo de batalha, seja no senado. De nada mais se deveria ouvir falar, seja nas escolas, seja nos gabinetes. Em vão nosso limitado entendimento se aventuraria a transpor essas fronteiras, que no entanto são demasiado estreitas para nossa ardorosa imaginação. Quando raciocinamos com base no curso da natureza e inferimos uma causa inteligente particular que primeiro conferiu ordem ao universo e ainda atua na sua conservação, adotamos um princípio que é tão incerto quanto inútil. É incerto, pois o tema está completamente fora do alcance da experiência humana. E inútil, pois, uma vez que nosso conhecimento dessa causa é inteiramente derivado do curso da natureza, jamais podemos, segundo as regras do justo raciocínio, voltar a fazer qualquer nova inferência a partir da mesma causa, nem tampouco estabelecer, mediante acréscimos ao curso ordinário ou experimentado da natureza, quaisquer novos princípios de conduta ou comportamento.

Observo (disse eu, verificando que ele havia concluído seu discurso) que não negligenciais o artifício dos antigos demagogos, e enquanto me fizestes passar pelo povo, vos insinuastes em minha afeição ao adotar princípios pelos quais sabeis que sempre manifestei especial apego. Mas uma vez concedido que façais da experiência (como realmente julgo que deveríeis) o único critério de nosso juízo acerca desta e de todas as demais questões de fato, não tenho dúvidas de que seja possível, a partir da mesma experiência para a qual apelais, refutar esse raciocínio que pusestes na boca de Epicuro. Se vísseis, por exemplo, um prédio construído pela metade, cercado de pilhas de tijolos, pedras, pilões e todos os instrumentos da alvenaria, não poderíeis *inferir* do efeito que se tratava da obra de um desígnio ou projeto? E não poderíeis, a partir da causa inferida, fazer novas inferências de qualidades adicionais do efeito e concluir que o prédio seria logo finalizado, com todos os melhoramentos que a arte lhe poderia dar? Se vísseis pegadas de um único pé humano na beira-mar, concluiríeis que um homem passara ali e que também deixara os rastos do outro pé, embora se tenham apagado pelo deslocamento da areia ou a inundação das águas. Por que, então, vos recusais a admitir o mesmo método de raciocínio no tocante à ordem da natureza? Considerai o mundo e a vida no momento presente apenas como um prédio imperfeito, do qual podeis inferir uma inteligência superior; e então, uma vez que raciocineis a partir dessa inteligência superior, que nada deixa imperfeito, por que não poderíeis inferir um plano ou esboço mais completo, a se concretizar em algum ponto distante do espaço ou do tempo? Não são esses métodos de raciocínio exatamente similares? E com que justificativa podeis adotar um deles, enquanto rejeitais o outro?

A infinita diferença dos temas, replicou ele, é justificativa suficiente para a diferença em minhas conclusões. Quanto às obras da arte e da concepção *humanas*, é aceitável que se passe do efeito para a causa, e, a partir desta, que se formem novas inferências acerca do efeito, e se examinem as alterações pelas quais provavelmente ele passou ou poderá passar. Mas qual é o fundamento desse método de raciocínio? Claramente este: que o homem é um ser que conhecemos por experiência, cujos motivos e desígnios nos são familiares, e cujos projetos e inclinações têm certa conexão e coerência entre si, conforme as leis que a natureza estabeleceu para o governo de uma tal criatura. Quando, portanto, verificamos que uma obra qualquer procede da habilidade e da indústria do homem, e por diversos meios já nos familiarizamos com a natureza do animal, podemos extrair uma centena de inferências acerca do que se pode dele esperar. Mas se conhecêssemos o homem apenas por meio dessa única obra que examinamos, seria impossível raciocinarmos dessa maneira, pois, visto que nesse caso o conhecimento que temos das qualidades que lhe atribuímos provém da obra produzida, é impossível que essas qualidades possam indicar qualquer coisa além dela ou servir de fundamento para qualquer nova inferência. A marca de um pé na areia, considerada isoladamente, pode provar apenas que houve uma figura a ela adaptada, por meio da qual ela se produziu; a marca de um pé humano, porém, prova, ademais, dadas nossas outras experiências, que provavelmente havia outro pé que também deixou sua impressão, embora esta se tenha apagado pelo tempo ou outras condições acidentais. Aqui partimos do efeito para a causa, e, a partir dessa causa, inferimos novamente alterações no efeito; mas isso não é mera continuação de uma única e simples cadeia de raciocínio. Nesse caso há uma centena de outras experiências e observações envolvidas, as quais concernem à figura e aos membros *usuais* dessa espécie de animal, sem o que esse método de raciocínio deveria ser considerado falacioso e sofístico.

O mesmo não se aplica aos nossos raciocínios a partir das obras da natureza. A Deidade só nos é conhecida por meio de suas produções, e é um ser único no universo, que não está compreendido em qualquer espécie ou gênero de cujos atributos ou qualidades tenhamos experiência, o que seria requisito para podermos inferir por analogia qualquer atributo ou qualidade nela. Se o universo manifesta sabedoria e benevolência, inferimos sabedoria e benevolência. Se manifesta essas perfeições em algum grau particular, nós as inferimos no mesmo grau, na exata proporção do efeito que examinamos. Mas as regras do justo raciocínio não nos autorizam a inferir ou supor quaisquer outros atributos ou graus do mesmo atributo. Ora, sem tal liberdade de suposição nos é impossível raciocinar a partir da causa, ou inferir qualquer alteração no efeito para além do que está imediatamente compreendido em nossa observação. Um maior bem produzido por esse Ser deve igualmente provar um maior grau de benevolência; uma distribuição mais imparcial de recompensas e punições deve provir de um maior zelo pela justiça e a equidade. Cada suposta qualidade adicionada às obras da natureza corresponde a uma adição aos atributos de seu Autor; consequentemente, visto ser essa adição inteiramente destituída de qualquer base na razão ou no raciocínio, não se pode admiti-la senão como mera conjetura ou hipótese.[4]

[4] De modo geral, julgo que se possa estabelecer como máxima que sem-

DE UMA PROVIDÊNCIA PARTICULAR

A grande fonte da confusão e da excessiva liberdade que indultamos nesse assunto consiste em tacitamente nos considerarmos no lugar do Ser Supremo e concluirmos que ele sempre observará, em qualquer ocasião, a mesma conduta que nós mesmos, em sua situação, adotaríamos como razoável e conveniente. Mas, não obstante o curso ordinário da natureza tender a convencer-nos de que quase tudo se sujeita a princípios e máximas muito diversos dos nossos; não obstante isso, digo eu, parecerá contrário a todas as regras da analogia raciocinar com base nas intenções e projetos dos homens a respeito de um Ser tão diferente e tão superior a nós. Na natureza humana, experimenta-se certa coerência de desígnios e inclinações, de modo que, quando, a partir de um fato concernente a um homem, descobrimos uma intenção, frequentemente é razoável, a partir da experiência, inferir outra, e assim encadear uma longa série de conclusões acerca de sua conduta passada e futura. Mas esse modo de raciocinar jamais será admissível relativamente a um Ser tão distante e incompreensível, cuja semelhança com qualquer outro ser no universo é muito menor do que aquela que existe entre o sol e um círio

---

pre que uma causa for conhecida apenas pelos seus efeitos particulares, será necessariamente impossível inferir quaisquer novos efeitos dessa causa; visto que as qualidades necessárias para produzir esses novos efeitos, juntamente com os primeiros, devem ser ou diferentes, ou superiores, ou de atuação mais extensa do que aquelas que simplesmente produziram o efeito, que é única fonte de nosso suposto conhecimento da causa. Jamais teremos razão alguma, portanto, para supor a existência dessas qualidades. Afirmar que os novos efeitos resultam apenas da continuidade da mesma energia que já conhecemos por meio dos primeiros efeitos não remove a dificuldade. Pois mesmo que se admita que seja esse o caso (o que dificilmente se poderia supor), a própria continuidade e atuação de uma energia equivalente à primeira (pois que é impossível que seja absolutamente a mesma), essa atuação, digo, de uma energia equivalente num período distinto do espaço e do tempo consiste numa suposição bastante arbitrária, a respeito da qual não é possível encontrar traço algum nos efeitos, que são a origem primeira de todo o conhecimento que possuímos da causa. Seja a causa *inferida* exatamente proporcional (como deveria ser) ao efeito conhecido, e então será impossível que ela possua quaisquer qualidades de que possam ser *inferidos* efeitos novos ou diferentes.

de cera, e que se manifesta apenas por alguns traços ou contornos incertos, para além dos quais não estamos autorizados a atribuir-lhe qualquer atributo ou perfeição. O que imaginamos ser uma superior perfeição pode, em realidade, ser um defeito. Ou ainda que seja uma perfeição, atribuí-la ao Ser Supremo quando ela não parece ter realmente se realizado por completo em suas obras tem algo mais de louvor e panegírico do que de justo raciocínio e boa filosofia. Nem toda a filosofia do mundo, nem toda a religião — que nada mais é do que uma espécie de filosofia — jamais serão capazes de nos levar além do curso usual da experiência, ou proporcionar-nos medidas de conduta e comportamento diversas daquelas propiciadas por reflexões acerca da vida ordinária. Nenhum novo fato jamais poderá ser inferido de hipóteses religiosas, nem evento algum previsto ou predito; nem recompensa ou punição alguma esperada ou temida, para além do que já conhecemos pela prática e pela observação. De modo que minha defesa de Epicuro ainda se mostra sólida e satisfatória, e não há conexão alguma entre os interesses políticos da sociedade e as disputas filosóficas acerca de religião e metafísica.

Ainda há uma circunstância, repliquei, que pareceis haver negligenciado. Embora aceite vossas premissas, devo rejeitar vossa conclusão. Concluís que as doutrinas e raciocínios religiosos *não podem* ter influência sobre a vida porque *não deveriam* tê-la, sem jamais considerardes que os homens não raciocinam da mesma maneira que vós, mas, ao contrário, tiram da crença numa Existência divina muitas consequências, e supõem que a Deidade punirá o vício e recompensará a virtude para além do que aparece no curso ordinário da natureza. Se esse raciocínio é correto ou não, não vem ao caso. Sua influência sobre a vida e a conduta permanece a mesma. E os que intentam dissuadi-los desses preconceitos podem até ser bons raciocinadores, mas não posso tê-los por bons cidadãos e políticos, visto que libertam os homens de uma restrição de suas paixões, e tornam a transgressão das leis da sociedade, nesse aspecto, mais fácil e inofensiva.

DE UMA PROVIDÊNCIA PARTICULAR

Apesar de tudo, talvez eu possa concordar com vossa conclusão geral em favor da liberdade, mas com premissas diversas daquelas em que vós a fundamentastes. Julgo que o estado deva tolerar todo princípio filosófico, pois não há exemplo de qualquer governo cujos interesses políticos tenham sido prejudicados em virtude de tal indulgência. Entre filósofos não há entusiasmo; suas doutrinas não são atraentes ao povo; e nenhuma restrição se pode impor aos seus raciocínios sem que haja consequências perigosas para as ciências, e mesmo para o estado, pois que se abre caminho para a perseguição e a opressão em pontos quanto aos quais a maioria do gênero humano está mais profundamente interessada ou envolvida.

Mas me ocorre uma dificuldade (prossegui), quanto ao vosso tópico principal, a qual apenas vos proporei, sem nela insistir, para que não nos conduza a raciocínios de natureza demasiadamente sutil e delicada. Numa palavra, tenho muitas dúvidas quanto a se é possível que uma causa seja conhecida apenas por seu efeito (como todo o tempo supusestes), ou seja de natureza tão singular e particular que não tenha nenhum paralelo ou similaridade com qualquer outra causa ou objeto que já tenha incorrido em nossa observação. É somente quando duas *espécies* de objetos se verificam constantemente em conjunção que podemos inferir um do outro; e se se apresentasse um efeito que fosse inteiramente singular e não se pudesse incluir em qualquer *espécie* conhecida, não me parece que seríamos capazes de formar nenhuma conjetura ou inferência, qualquer que fosse, acerca de sua causa. Se a experiência, a observação e a analogia forem de fato os únicos guias que podemos razoavelmente seguir nas inferências dessa natureza, então tanto os efeitos como as causas devem guardar alguma similaridade ou semelhança com outros efeitos e causas que conhecemos e verificamos, em vários casos, estarem em mútua conjunção. Deixo para vossa própria reflexão a busca das consequências desse princípio. Observarei apenas que, visto que os antagonistas de Epicuro sempre supõem que o universo, um efeito bastante singular e incomparável, sirva de prova da Deidade, uma causa não menos singular e incomparável, vossos raciocínios segundo esse pressuposto parecem ao menos merecer nossa atenção. Há alguma dificuldade, admito, em retornarmos da causa para o efeito, e, raciocinando a partir das ideias que temos da primeira, inferirmos uma alteração ou adição ao último.

Seção 12

DA FILOSOFIA ACADÊMICA OU CÉTICA

I

Não há maior número de raciocínios filosóficos expressos sobre qualquer assunto do que os que provam a existência da Deidade e refutam as falácias dos *Ateístas*; e ainda assim os mais religiosos filósofos ainda contendem se pode haver homem tão cego a ponto de ser um ateísta especulativo. Como reconciliaremos essas contradições? Os cavaleiros errantes, que vagavam o mundo para livrá-lo de gigantes e dragões, jamais tiveram a menor dúvida quanto à existência desses monstros.

O *Cético* é outro inimigo da religião que naturalmente provoca a indignação de todos os religiosos e filósofos mais sisudos, embora seja certo que ninguém jamais deparou com uma criatura tão absurda assim, ou conversou com um homem que não tivesse nenhuma opinião ou princípio acerca de tema algum, quer fosse relativo à ação, quer à especulação. O que evoca uma questão muito natural: o que se quer denotar por cético? E até onde é possível levar os princípios filosóficos da dúvida e da incerteza?

Há uma espécie de ceticismo, *anterior* a todo estudo e filosofia, que é muito indicado por Descartes e outros como um poderoso meio de se evitarem erros e juízos precipitados. Recomenda-se a dúvida universal, não apenas quanto a todas as opiniões e princípios anteriormente adotados, mas também quanto às nossas próprias faculdades; de cuja veracidade, dizem eles, devemos assegurar-nos por meio de uma cadeia de raciocínio derivada de algum princípio original que não tenha a possibilidade de ser falacioso ou enganoso. Mas tampouco há qualquer princípio original que tenha primazia sobre os outros, que seja auto-evidente e convincente; ou, se houvesse, não avançaríamos sequer um passo, a não ser pelo uso daquelas mesmas faculdades das quais se espera que duvidemos. A dúvida cartesiana, portanto, se fosse possível que alguma criatura humana a observasse (o que claramente não é), seria totalmente incurável, e raciocínio algum jamais seria capaz de levar-nos à condição de segurança e convicção acerca de qualquer tema.

Deve-se admitir, contudo, que essa espécie de ceticismo, quando mais moderado, pode compreender-se num sentido bastante razoável, e é um preparativo necessário para o estudo da filosofia, por preservar uma imparcialidade adequada em nossos juízos e fazer com que nossas mentes se desapeguem de todos os preconceitos que possamos ter assimilado por meio da educação e das opiniões precipitadas. Iniciar por princípios claros e auto-evidentes, avançar por passos seguros e timoratos, revisar frequentemente nossas conclusões e examinar rigorosamente suas consequências: embora por esses meios os progressos em nossos sistemas sejam graduais e vagarosos, são estes os únicos métodos pelos quais podemos ter a esperança de chegar à verdade e alcançar a estabilidade e a certeza apropriadas em nossas determinações.

Há outra espécie de ceticismo, *consequente* à ciência e à investigação, que se dá quando os homens supõem ter descoberto o caráter absolutamente falacioso de suas faculdades mentais, ou então sua inaptidão para chegar a qualquer determinação fixa acerca de todos aqueles curiosos objetos de especulação a que comumente se dedicam. Mesmo nossos próprios sentidos são postos em questão por certa espécie de filósofos, e as máximas da vida ordinária são submetidas à mesma dúvida que os mais profundos princípios ou conclusões da metafísica e da teologia. Como esses princípios paradoxais (se é que os posso chamar de princípios) se encontram nas obras de alguns filósofos, assim como a sua refutação se encontra nas de vários, naturalmente instigam nossa curiosidade e nos levam a indagar pelos argumentos em que possam estar fundados.

Não é preciso que me detenha nos tópicos mais triviais que em todas as épocas se cogitaram contra a evidência dos *sentidos*, tais como os que se deduzem da imperfeição e do caráter falacioso de nossos órgãos em várias ocasiões, como a aparência entortada de um remo na água, os vários aspectos dos objetos de acordo com as diferentes distâncias em que se situam, as imagens duplas que ocorrem quando pressionamos um dos olhos, e muitas outras aparências de natureza semelhante. Em verdade, esses argumentos céticos são suficientes apenas para provar que não se deve confiar exclusiva e tacitamente nos sentidos, mas devemos corrigir sua evidência pela razão e por considerações acerca da natureza dos meios, da distância dos objetos e da disposição dos órgãos, a fim de fazer deles, em suas respectivas esferas, o *critério* adequado de verdade e de falsidade. Há, contudo, outros argumentos mais profundos contra os sentidos, os quais não admitem tão fácil solução.

Parece evidente que os homens são levados por um instinto ou tendência natural a depositar fé em seus sentidos; e que, sem qualquer raciocínio, ou mesmo antes do uso da razão, supomos sempre um universo exterior que não depende de nossa percepção, mas, ao contrário, continuaria a existir ainda que nós e todas as demais criaturas sensíveis aqui não estivéssemos ou desaparecêssemos. Mesmo as criaturas animais se orientam por uma opinião semelhante e conservam essa crença nos objetos exteriores em todos os seus pensamentos, desígnios e ações.

Parece também evidente que, quando os homens seguem esse cego, poderoso instinto de natureza, sempre supõem que as imagens apresentadas pelos sentidos sejam os próprios objetos exteriores, e jamais nutrem qualquer suspeita de que as primeiras nada mais sejam do que representações dos últimos. Esta mesa aqui, que enxergamos branca, que sentimos sólida, cremos que exista independentemente de nossa percepção, e que seja algo exterior à mente que a percebe. Nossa presença não lhe acrescenta nada; nossa ausência não a anula. Sua existência se conserva íntegra e invariável, independentemente da situação dos seres inteligentes que a percebem e contemplam.

Mas essa opinião primária, universal a todos os homens, a mais simples das filosofias já é capaz de destruí-la, ao ensinar que nada jamais pode estar presente à mente, a não ser uma imagem ou percepção, e os sentidos são apenas os acessos através dos quais as imagens se propagam, pois não são capazes de produzir qualquer intercurso imediato entre a mente e o objeto. A mesa que vemos parece diminuir conforme dela nos afastamos, mas a verdadeira mesa, que existe independentemente de nós, não sofre alteração alguma; não passava de uma imagem sua, portanto, o que estava presente à mente. Estes são os preceitos óbvios da razão, e nenhum homem de reflexão jamais duvidou que as existências que temos em consideração quando dizemos *esta casa* e *aquela árvore* nada mais são do que percepções na mente, cópias fugazes ou representações de outras existências, as quais permanecem invariáveis e independentes.

Eis, pois, o quanto o raciocínio nos compele a nos apartar dos instintos primários de natureza (ou mesmo contradizê-los) e a adotar um novo sistema no que concerne à evidência de nossos sentidos. Mas é a partir de então que a filosofia se vê em grande embaraço, quando pretende justificar esse novo sistema e afastar as astúcias e objeções dos céticos. Ela não pode mais apelar para o infalível, irresistível instinto de natureza, já que este nos levou a um sistema completamente diverso, que foi considerado não só falível, mas mesmo errôneo. E daí em diante justificar esse pretenso sistema filosófico por meio do encadeamento de um raciocínio claro e convincente, ou mesmo de algo que se pareça com isso, excede a toda a capacidade humana.

Através de que raciocínio se poderia provar que as percepções da mente devem ser causadas por objetos exteriores, inteiramente diversos delas, embora semelhantes a elas (se isso é possível), e não poderiam provir de uma atividade da própria mente ou da sugestão de algum espírito invisível e desconhecido, ou ainda de alguma outra causa ainda mais obscura? Admite-se que, de fato, muitas dessas percepções não se originam de qualquer coisa exterior, como nos sonhos, na loucura e em outras enfermidades. E nada pode ser mais inexplicável do que a maneira como a matéria atuaria sobre a mente de modo a transmitir uma imagem sua a uma substância que se supõe de natureza tão diferente e mesmo contrária à sua.

É uma questão de fato saber se as percepções dos sentidos se produzem por objetos exteriores que a elas se assemelham. Como se poderia solucionar essa questão? Certamente pela experiência, como em todas as outras questões de natureza semelhante. Mas aqui a experiência está, e deve estar, inteiramente muda. A mente jamais tem qualquer coisa presente a si que não as percepções, e não é de modo algum possível que chegue a ter qualquer experiência da conexão destas com os objetos. A suposição de uma tal conexão, portanto, é desprovida de qualquer fundamento no raciocínio.

Recorrer à veracidade do Ser supremo a fim de provar a veracidade de nossos sentidos é seguramente incorrer num circuito bastante singular. Se a sua veracidade tivesse qualquer relação com esse problema, nossos sentidos seriam totalmente infalíveis, pois jamais será possível que ele nos engane. Sem mencionar que, uma vez que se ponha em questão o mundo exterior, perde-se a possibilidade de encontrar argumentos que provem a existência daquele Ser ou qualquer de seus atributos.

Trata-se de um tópico, portanto, quanto ao qual os céticos mais profundos e mais filosóficos triunfarão sempre que se empenharem em implantar uma dúvida universal na totalidade dos objetos do conhecimento e do questionamento humanos. Seguis os instintos e propensões da natureza, poderão indagar, aceitando a veracidade dos sentidos? Mas eles vos levaram a acreditar que a percepção ou imagem sensível fosse o próprio objeto exterior. Renunciais a esse princípio em prol de uma opinião mais racional, conforme a qual as percepções são apenas representações de algo exterior? Aqui vos afastais de vossas propensões naturais e de vossos sentimentos mais evidentes; e ainda assim não sois capazes de satisfazer vossa razão, que jamais pode encontrar qualquer argumento convincente, baseado na experiência, para provar que as percepções têm conexão com os objetos exteriores.

Há outro tópico cético de natureza semelhante, derivado da mais profunda filosofia, que mereceria nossa atenção, caso necessitássemos ir tão fundo buscar argumentos e raciocínios que de tão pouca utilidade podem ser para qualquer propósito sério. É universalmente aceito pelos pensadores modernos que todas as qualidades sensíveis dos objetos, tais como rigidez, maciez, calor, frieza, coloração preta ou branca etc., são meramente secundárias, e não existem nos próprios objetos, mas são percepções da mente que não representam qualquer arquétipo ou modelo exterior. Se isso for aceito com relação às qualidades secundárias, o mesmo deve aplicar-se, consequentemente, às supostas qualidades primárias da extensão e da solidez, pois estas não são menos propícias a tal denominação do que aquelas. A ideia de extensão é obtida inteiramente a partir dos sentidos da visão e do tato; e se todas as qualidades percebidas pelos sentidos estão na mente, e não no objeto, a mesma conclusão deve abranger a ideia de extensão, que depende completamente das ideias sensíveis ou ideias de qualidades secundárias. Não há como escaparmos dessa conclusão, a não ser que afirmemos que as ideias das qualidades primárias são obtidas por *abstração*, uma opinião que, se examinarmos rigorosamente, verificaremos ser ininteligível ou mesmo absurda. Uma extensão que não é nem tangível, nem visível, não é possível conceber-se; e uma extensão tangível ou visível que não seja nem rígida nem macia, nem preta nem branca, está igualmente fora das possibilidades da concepção humana. Que se experimente conceber um triângulo em geral, que não seja nem *isósceles*, nem *escaleno*, nem tampouco tenha qualquer comprimento ou guarde qualquer proporção entre os seus lados, e logo se perceberá a absurdidade de todas as noções escolásticas relativas à abstração e às ideias gerais.[1]

Assim, a primeira objeção filosófica à evidência dos sentidos ou à opinião da existência exterior consiste nisto, que tal opinião, se apoiada no instinto natural, é contrária à razão, e, se atribuída à razão, é contrária ao instinto natural, ao mesmo tempo em que não traz consigo nenhuma evidência racional para convencer um investigador imparcial. A segunda objeção vai além e representa essa opinião como contrária à razão, ao menos se for um princípio da razão que todas as qualidades sensíveis estão na mente, não no objeto. Privai a matéria de todas as suas qualidades sensíveis, tanto primárias como secundárias; vós de certa maneira a aniquilais e deixais apenas um certo *algo*, desconhecido, inexplicável, como causa de nossas percepções; noção essa que é tão imperfeita que nenhum cético julgará valer a pena contender a seu respeito.

II

Pode parecer muito extravagante a tentativa dos céticos de aniquilar a *razão* por meio de argumentos e raciocinação; no entanto, esse é o formidável objetivo de todas as suas investigações e disputas. Eles buscam encontrar objeções tanto aos nossos raciocínios abstratos como aos que dizem respeito a questões de fato e existência.

A principal objeção contra todos os raciocínios *abstratos* deriva das ideias de espaço e tempo, ideias estas que, para a

---

[1] Esse argumento foi extraído da obra do dr. Berkeley; e em verdade a maioria dos escritos desse muito engenhoso autor constituem-se nas melhores lições de ceticismo que se podem encontrar entre os filósofos antigos ou modernos, sem exceção de Bayle. Ele declara, entretanto, em sua página de rosto (e sem dúvida com grande sinceridade), ter redigido seu livro contra os céticos, como também contra os ateus e os livres-pensadores. Mas todos os seus argumentos, malgrado suas intenções, são, em verdade, meramente céticos, o que se torna manifesto quando consideramos isto, *que eles não admitem resposta e não produzem convicção*. Seu único efeito é causar a perplexidade, a irresolução e o embaraço que costumam resultar do ceticismo.

DA FILOSOFIA ACADÊMICA OU CÉTICA

vida ordinária e as considerações menos cuidadosas, são muito claras e inteligíveis, mas quando passam pelo escrutínio das ciências profundas (e são estes os principais objetos dessas ciências), dão origem a princípios que parecem plenos de absurdidade e contradição. Nenhum *dogma* sacerdotal inventado para subjugar e docilizar a razão revel dos homens abalou tanto o bom-senso quanto a doutrina da infinita divisibilidade da extensão e suas consequências, pomposamente exibidas pelos geômetras e metafísicos com uma espécie de triunfo e exultação. Uma quantidade real, infinitamente menor do que qualquer quantidade finita, contendo quantidades infinitamente menores do que ela própria, e assim por diante, *in infinitum*; eis um *constructo* que, de tão arrojado e prodigioso, é demasiadamente pesado para que qualquer pretensa demonstração o sustente, pois colide com os princípios mais claros e mais naturais da razão humana.[2] Mas o que torna a questão ainda mais extraordinária é que essas opiniões aparentemente absurdas são sustentadas pelo mais claro e o mais natural encadeamento de raciocínio, e não nos é possível aceitar as premissas sem admitir as consequências. Nada pode ser mais convincente e satisfatório do que as conclusões acerca das propriedades das circunferências e triângulos; e, no entanto, uma vez que estas sejam aceitas, como podemos negar que o ângulo de contato entre uma circunferência e sua tangente é infinitamente menor do que qualquer ângulo retilíneo; que conforme aumentais o diâmetro da circunferência *in infinitum*, esse ângulo de contato se torna ainda menor, mesmo *in infi-*

---

[2] Quaisquer que sejam as disputas acerca de pontos matemáticos, devemos admitir que há pontos físicos, isto é, fragmentos de extensão que não podem ser divididos ou diminuídos nem pelo olho, nem pela imaginação. Essas imagens, portanto, que são presentes à fantasia ou aos sentidos, são absolutamente indivisíveis, e consequentemente devem ser consideradas pelos matemáticos como infinitamente menores do que qualquer fragmento real de extensão; no entanto, nada parece mais certo em face da razão do que isto: que um número infinito delas constitui uma extensão infinita. E mais válido ainda será isso quanto a um número infinito daqueles fragmentos de extensão infinitamente pequenos que se supõem infinitamente divisíveis.

nitum; e que o ângulo de contato entre outras curvas e suas tangentes pode ser infinitamente menor do que os formados entre qualquer círculo e sua tangente, e assim por diante, *in infinitum*? A demonstração desses princípios parece tão incontestável quanto a que prova que a soma dos ângulos de um triângulo equivale a dois ângulos retos, embora essa opinião seja fácil e natural, ao passo que as outras convivem com a contradição e a absurdidade. A razão aqui parece cair numa espécie de perplexidade e suspensão, que, sem qualquer sugestão cética, provoca-lhe uma desconfiança de si mesma e do solo em que caminha. Ela vê uma forte luz a iluminar certos lugares, mas essa luz beira a mais profunda escuridão. Entre ambas, fica ela tão deslumbrada e confusa que se encontra quase na impossibilidade de se pronunciar com certeza e segurança acerca de qualquer outro objeto.

A absurdidade dessas determinações audaciosas das ciências abstratas parece tornar-se ainda mais patente — se é que isso é possível — quando se trata do tempo do que quando da extensão. Um número infinito de fragmentos reais de tempo a suceder-se e exaurir-se um após o outro parece ser uma contradição tão evidente que se poderia pensar que nenhum homem cujo juízo as ciências não tivessem corrompido, em vez de aprimorado, jamais seria capaz de admiti-lo.

E apesar de tudo, a razão ainda precisa permanecer incansavelmente inquieta, mesmo no que concerne ao ceticismo para o qual aquelas aparentes absurdidades e contradições a conduzem. Como pode uma ideia clara e distinta compreender circunstâncias contraditórias consigo própria ou com qualquer outra ideia clara e distinta? Eis algo absolutamente incompreensível, e talvez tão absurdo quanto qualquer proposição que se possa formar. De modo que nada pode ser mais cético ou mais pleno de dúvidas e hesitações do que o ceticismo oriundo das conclusões paradoxais da geometria ou da ciência da quantificação.[3]

---

[3] Segundo me parece, é possível evitar essas absurdidades e contradições se se admitir que não há algo como ideias abstratas ou gerais propriamente

DA FILOSOFIA ACADÊMICA OU CÉTICA

As objeções céticas à evidência *moral*, ou aos raciocínios acerca de questões de fato, podem ser *populares* ou *filosóficas*. As objeções populares derivam da natural fraqueza do entendimento humano: as opiniões contraditórias aceitas em diferentes épocas e nações; as variações que sofre nosso juízo na doença e na saúde, na juventude e na velhice, na prosperidade e na adversidade; a perpétua contradição entre as opiniões e sentimentos de cada homem, além de muitos outros tópicos desse gênero. Desnecessário insistir mais nesse aspecto; essas objeções são frágeis. Pois, visto que na vida ordinária a todo momento raciocinamos acerca de questões de fato e de existência, e que não é possível que subsistamos sem empregar

ditas, pois todas as ideias gerais são, em realidade, ideias particulares ligadas a um termo geral, o qual, por sua vez, evoca outras ideias particulares que, em certas circunstâncias, se assemelham à ideia que se encontra presente à mente. Assim, quando se pronuncia o termo "cavalo", imediatamente figuramo-nos a ideia de um animal branco ou negro, de certo tamanho ou figura; mas como o termo habitualmente também se aplica a animais de outras cores, figuras e tamanhos, tais ideias, embora não se encontrem realmente presentes à imaginação, são facilmente evocadas, e nossos raciocínios e conclusões resultam como se elas estivessem de fato presentes. Se isso for admitido (como parece razoável), segue-se que todas as ideias de quantidade sobre as quais raciocinam os matemáticos não são senão ideias particulares sugeridas pelos sentidos e a imaginação, e consequentemente não podem ser infinitamente divisíveis. Essa sugestão já é suficiente por ora e não as examinaremos com mais delonga. Certamente todos os amantes da ciência preocupam-se em não se expor ao ridículo e ao desprezo dos ignorantes em virtude de suas conclusões — e essa parece ser a mais imediata solução para as referidas dificuldades.

Em geral, podemos declarar que as ideias de *maior*, *menor* e *igual*, que são os principais objetos da geometria, estão longe de ser tão exatas ou determinadas que possam ser o fundamento dessas inferências extraordinárias. Perguntai a um matemático o que ele quer dizer quando declara que duas quantidades são iguais, e ele deve responder que a ideia de *igualdade* é uma daquelas que não se podem definir, e que para sugeri-la é suficiente colocar duas quantidades iguais na frente de qualquer um. Ora, isso é um apelo às aparências gerais dos objetos para a imaginação ou para os sentidos, e consequentemente jamais pode sustentar conclusões tão frontalmente contrárias a essas faculdades. [Nas edições K e L, não constam o trecho "Em geral... faculdades". (N. do T.)]

essa espécie de raciocínio, quaisquer objeções populares daí derivadas devem ser insuficientes para anular tal evidência. Os grandes subversores do *Pirronismo* — ou dos princípios exorbitantes do ceticismo — são a ação, a labuta e as ocupações da vida ordinária. Esses princípios podem florescer e triunfar nas escolas, onde, de fato, é difícil, se não impossível, refutá-los. Mas assim que saem de seu abrigo e, pela presença dos objetos reais que afetam nossas paixões e sentimentos, confrontam-se com os mais poderosos princípios de nossa natureza, eles se esvaem como fumaça e abandonam o mais determinado dos céticos na mesma condição que os outros mortais.

O melhor que o cético tem a fazer, portanto, é manter-se na esfera que lhe é própria e expor as objeções *filosóficas*, provenientes de investigações mais profundas. Aqui o assunto parece ser-lhe amplamente favorável, quando, com justiça, ele insiste em que todas as nossas evidências relativas a qualquer questão de fato que escapem ao testemunho dos sentidos e da memória derivam inteiramente da relação de causa e efeito; e não temos qualquer outra ideia dessa relação a não ser a de dois objetos que têm estado frequentemente em mútua *conjunção*; nem temos razão para nos convencermos de que os objetos que, segundo nossa experiência, têm estado em frequente conjunção, estarão igualmente em conjunção em outros casos; e nada nos leva a essa inferência, a não ser o costume ou um certo instinto em nossa natureza, ao qual é realmente difícil de se resistir, mas, como outros instintos, pode ser falacioso e enganador. Ao insistir nesses tópicos, o cético demonstra a sua força, ou antes, em verdade, demonstra a sua e a nossa fraqueza, e parece derrubar, ao menos temporariamente, toda segurança e convicção. Poder-se-ia discorrer extensamente sobre esses tópicos, pudessem eles resultar em qualquer bem ou benefício duradouro para a sociedade.

Pois nisto se encontra a principal e mais desconcertante objeção ao ceticismo *excessivo*, que nenhum bem durável jamais pode dele resultar enquanto se mantiverem sua plena força e vigor. Basta que perguntemos a um tal cético *qual é o*

DA FILOSOFIA ACADÊMICA OU CÉTICA

seu propósito e o que ele pretende com todas essas investigações curiosas; e ele ficará subitamente aturdido e não saberá o que responder. Um copernicano ou um ptolomaico, cada qual a sustentar um diferente sistema de astronomia, pode esperar produzir uma convicção constante e duradoura em seu público. Um estoico ou um epicurista expõe princípios que não só podem ser duradouros, como também podem ter efeitos sobre a conduta e o comportamento. Um pirrônico, porém, não pode esperar que sua filosofia exerça qualquer influência constante sobre a mente, mas mesmo que o fizesse, não poderia ser uma influência benéfica para a sociedade. Ao contrário, será forçoso que admita, se é que alguma coisa ele admitirá, que se os seus princípios prevalecessem de modo universal e invariável, toda a vida humana pereceria. Todo discurso e toda ação cessariam imediatamente, e os homens permaneceriam em total letargia até que as necessidades naturais, contrariadas, pusessem fim à sua miserável existência. É verdade que não há muito que se temer um evento tão fatídico. A natureza é sempre bem mais forte que os princípios. E embora um pirrônico possa jogar a si e aos outros num assombro e numa perplexidade momentâneos, em virtude de seus raciocínios profundos, o primeiro e mais trivial dos eventos da vida jogará suas dúvidas e escrúpulos para o alto, e o deixará, em tudo quanto respeita a ação e a especulação, na mesma circunstância que os filósofos de todas as demais seitas, assim como todos aqueles que jamais se preocuparam com quaisquer investigações filosóficas. Quando despertar de seu sono, ele será o primeiro a rir de si mesmo e a confessar que todas as suas objeções são mero divertimento, inaptas para outra coisa que não demonstrar a peculiar condição do ser humano, que é obrigado a agir, raciocinar e acreditar, embora não seja capaz, nem pelas mais diligentes investigações, de se satisfazer quanto aos fundamentos dessas operações, ou de remover as objeções que contra elas possam levantar-se.

III

Há, entretanto, um ceticismo mais *mitigado*, também chamado de filosofia *acadêmica*, que pode ser duradouro e útil, e talvez resulte em parte do pirronismo ou ceticismo *excessivo*, contanto que suas dúvidas indistintas sejam em alguma medida corrigidas pelo senso comum e pela reflexão. Os homens em sua maioria tendem naturalmente a ser afirmativos e dogmáticos em suas opiniões; e como veem as coisas por um único ângulo e não têm ideia alguma de qualquer argumento que faça o contrapeso, entregam-se precipitadamente aos princípios para os quais se inclinam, sem fazer qualquer concessão aos que nutrem sentimentos opostos. Hesitar ou repensar paralisa seu entendimento, bloqueia suas paixões e suspende suas ações. Permanecem ansiosos, portanto, até que fujam a esse estado que lhes é tão desconfortável, e por maior que seja a violência de suas afirmações e a obstinação de suas crenças, jamais acreditam estar suficientemente distantes dele. Mas pudessem esses raciocinadores dogmáticos dar-se conta das estranhas fraquezas de que padece o entendimento humano, mesmo em seu mais perfeito estado, e mesmo quando observa os máximos cuidados do rigor e da cautela em suas determinações, tal reflexão naturalmente lhes inspiraria mais modéstia e comedimento, e abrandaria o conceito exagerado que fazem de si mesmos, assim como o preconceito contra seus antagonistas. Os iletrados poderiam espelhar-se na disposição dos eruditos, que mesmo com todas as vantagens do estudo e da reflexão, ainda se mantêm habitualmente reservados em suas determinações; e se alguns eruditos, em virtude de seu temperamento natural, inclinam-se à arrogância e à obstinação, uma leve tintura de pirronismo poderia moderar seu orgulho, ao mostrar-lhes que as poucas vantagens que possam ter obtido sobre seus semelhantes são desconsideráveis se comparadas com a universal perplexidade ou confusão inerente à natureza humana. De modo geral, há certo grau de dúvida, de cautela e de modéstia que, em todas as espécies de exame e decisão, sempre deveria acompanhar o raciocinador justo.

Outra espécie de ceticismo *mitigado* que pode ser vantajoso para o gênero humano, e que talvez seja o resultado natural das dúvidas e escrúpulos pirrônicos, consiste na limitação de nossas investigações aos temas mais apropriados à estreita capacidade do entendimento humano. A *imaginação* do homem é naturalmente sublime, deleita-se com o que quer que seja remoto e extraordinário, e percorre as regiões mais distantes do espaço e do tempo a fim de evitar os objetos que o costume já tornou excessivamente familiares. O *juízo* correto observa o método contrário, e, evitando todas as investigações distantes e elevadas, restringe-se à vida ordinária e aos assuntos concernentes à prática e à experiência, deixando os tópicos mais sublimes para os ornamentos dos poetas e oradores, ou para as artes dos sacerdotes e políticos. Para impelir-nos a uma determinação tão salutar, nada pode ser de maior proveito do que convencermo-nos completamente e de uma vez por todas da força da dúvida pirrônica, e da impossibilidade de qualquer coisa libertar-nos dela, a não ser a poderosa força do instinto natural. Os que têm propensão para a filosofia ainda prosseguirão em suas indagações, pois observam que, além do prazer imediato que acompanha tal ocupação, as decisões filosóficas nada mais são do que os reflexos da vida ordinária, corrigidos e metodizados. Mas jamais se sentirão tentados a ultrapassar a vida ordinária enquanto considerarem a imperfeição das faculdades de que se utilizam, sua estreiteza de alcance e a imprecisão de suas operações. Se, depois de milhares de experiências, não podemos dar uma razão satisfatória para a crença de que qualquer pedra suspensa no ar cairá ou de que o fogo queima, poderemos jamais satisfazer-nos com qualquer determinação que concebamos a respeito da origem dos mundos e do estado da natureza desde a eternidade e pela eternidade?

E essa limitação estreita de nossas investigações é, com efeito, tão razoável, em todos os aspectos, que basta examinarmos minimamente os poderes naturais da mente humana e compará-los com seus objetos para nos convencermos disso. Localizaremos, então, os objetos próprios da ciência e da investigação.

Parece-me que os únicos objetos das ciências abstratas ou da demonstração são a quantidade e o número, e que todas as tentativas de estender essa espécie mais perfeita de conhecimento além desses limites não passam de mero sofisma e ilusão. Como as partes que compõem as quantidades e os números são inteiramente similares, suas relações se tornam intricadas e dificultosas; e nada pode ser mais curioso e mais útil do que determinar, por diversos meios, sua igualdade ou desigualdade através dos diferentes modos como aparecem. Mas como todas as outras ideias são claramente distintas e diferentes umas das outras, nem mesmo pelo exame mais minucioso podemos fazer mais do que observar essa diversidade e, mediante uma reflexão óbvia, determinar que uma coisa não é a outra. Se houver qualquer dificuldade nessas decisões, deve-se inteiramente à indeterminação dos significados das palavras, o que se corrige por definições mais exatas. Que *o quadrado da hipotenusa é igual à soma dos quadrados dos dois outros lados*, isso é algo que, por mais exatas que sejam as definições dos termos, não se pode conhecer sem uma série de raciocínios e investigações. Mas para nos convencer desta proposição, *onde não há propriedade não pode haver injustiça*, basta definir os termos e explicar que a injustiça seja uma violação da propriedade. Em verdade, essa proposição não passa de uma definição mais imperfeita. Ocorre o mesmo com os pretensos raciocínios silogísticos que se encontrem em qualquer outro ramo do saber que não as ciências da quantidade e do número, de modo que se pode afirmar com segurança, penso eu, que estes são os únicos objetos de conhecimento e demonstração.

Todas as demais investigações humanas concernem apenas às questões de fato e existência, que evidentemente não comportam demonstração. Tudo o que *é* pode *não ser*. A negação de um fato jamais pode implicar uma contradição. A não existência de qualquer ser, sem exceção, é uma ideia tão clara e distinta quanto sua existência. A proposição que afirma que ele não é, ainda que falsa, não é menos concebível e inteligível do que a que afirma que ele é. O caso é diferente com as ciências propriamente ditas. Aqui toda proposição que não seja verdadeira é confusa e ininteligível. A proposição segundo a qual a raiz cúbica de 64 é igual à metade de dez é falsa, e jamais pode ser distintamente concebida. Mas que César, ou o anjo Gabriel ou qualquer outro ser, jamais tenha existido, essa é uma proposição que pode ser falsa, mas ainda é perfeitamente concebível e não implica contradição alguma.

A existência, portanto, de qualquer ser somente pode ser provada por meio de argumentos a partir de suas causas ou de seus efeitos; e tais argumentos são inteiramente fundados na experiência. Se raciocinarmos *a priori*, qualquer coisa pode parecer capaz de produzir qualquer coisa. A queda de um pedregulho, tanto quanto somos capazes de saber, pode extinguir o sol, assim como a vontade de um homem pode controlar os planetas em suas órbitas. É somente a experiência que nos ensina a natureza e os limites de causa e efeito, e nos capacita a inferir a existência de um objeto a partir da existência de outro.[4] Tal é o fundamento do raciocínio moral, que constitui a maior parte do conhecimento humano e é a origem de toda ação e todo comportamento humanos.

Raciocínios morais dizem respeito ou a fatos particulares ou a fatos gerais. Todas as deliberações da vida dizem respeito aos primeiros, como também todas as investigações da história, cronologia, geografia e astronomia.

As ciências que tratam de fatos gerais são a política, a filosofia natural, a física, a química etc., nas quais se investigam as qualidades, causas e efeitos de uma espécie inteira de objetos.

A Teologia ou o estudo da Divindade, porquanto prova a

[4] A máxima ímpia da filosofia antiga, *ex nihilo, nihil fit* [*nada vem do nada*], que excluía a possibilidade da criação da matéria, deixa de ser uma máxima de acordo com esta filosofia. Não apenas a vontade do Ser supremo pode criar a matéria, mas, tanto quanto somos capazes de saber *a priori*, a vontade de qualquer outro ser poderia criá-la, assim como qualquer outra causa que a mais extravagante imaginação possa lhe atribuir.

existência de uma Deidade e a imortalidade das almas, compõe-se em parte de raciocínios acerca de fatos particulares e em parte de raciocínios acerca de fatos gerais. Tem um fundamento na *razão* em seus aspectos que se apoiam na experiência. Porém, seus melhores e mais sólidos fundamentos são a *fé* e a revelação divina.

A moral e a crítica não são tão propriamente objetos do entendimento, mas antes do gosto e do sentimento. A beleza, seja moral ou natural, é mais propriamente sentida do que percebida. Se raciocinamos acerca dela e buscamos fixar seu padrão, o que observamos é um novo fato, a saber, o gosto geral da humanidade, ou algum outro fato semelhante que possa ser objeto de raciocínio e investigação.

Quando percorrermos as bibliotecas, persuadidos desses princípios, que destruição devemos fazer? Ao tomarmos em nossas mãos um volume qualquer, por exemplo, de teologia ou metafísica escolástica, perguntemos: *Ele contém algum raciocínio abstrato acerca de quantidades ou números?* Não. *Contém algum raciocínio experimental acerca de questões de fato e existência?* Não. Lançai-o, pois, às chamas, que nada pode conter a não ser sofismas e ilusões.

COLEÇÃO DE BOLSO HEDRA

1. *Iracema*, Alencar
2. *Don Juan*, Molière
3. *Contos indianos*, Mallarmé
4. *Auto da barca do Inferno*, Gil Vicente
5. *Poemas completos de Alberto Caeiro*, Pessoa
6. *Triunfos*, Petrarca
7. *A cidade e as serras*, Eça
8. *O retrato de Dorian Gray*, Wilde
9. *A história trágica do Doutor Fausto*, Marlowe
10. *Os sofrimentos do jovem Werther*, Goethe
11. *Dos novos sistemas na arte*, Maliévitch
12. *Mensagem*, Pessoa
13. *Metamorfoses*, Ovídio
14. *Micromegas e outros contos*, Voltaire
15. *O sobrinho de Rameau*, Diderot
16. *Carta sobre a tolerância*, Locke
17. *Discursos ímpios*, Sade
18. *O príncipe*, Maquiavel
19. *Dao De Jing*, Laozi
20. *O fim do ciúme e outros contos*, Proust
21. *Pequenos poemas em prosa*, Baudelaire
22. *Fé e saber*, Hegel
23. *Joana d'Arc*, Michelet
24. *Livro dos mandamentos: 248 preceitos positivos*, Maimônides
25. *O indivíduo, a sociedade e o Estado, e outros ensaios*, Emma Goldman
26. *Eu acuso!*, Zola — *O processo do capitão Dreyfus*, Rui Barbosa
27. *Apologia de Galileu*, Campanella
28. *Sobre verdade e mentira*, Nietzsche
29. *O princípio anarquista e outros ensaios*, Kropotkin
30. *Os sovietes traídos pelos bolcheviques*, Rocker
31. *Poemas*, Byron
32. *Sonetos*, Shakespeare
33. *A vida é sonho*, Calderón
34. *Escritos revolucionários*, Malatesta
35. *Sagas*, Strindberg
36. *O mundo ou tratado da luz*, Descartes
37. *O Ateneu*, Raul Pompeia
38. *Fábula de Polifemo e Galateia e outros poemas*, Góngora
39. *A vênus das peles*, Sacher-Masoch
40. *Escritos sobre arte*, Baudelaire
41. *Cântico dos cânticos*, [Salomão]
42. *Americanismo e fordismo*, Gramsci
43. *O princípio do Estado e outros ensaios*, Bakunin
44. *O gato preto e outros contos*, Poe
45. *História da província Santa Cruz*, Gandavo
46. *Balada dos enforcados e outros poemas*, Villon
47. *Sátiras, fábulas, aforismos e profecias*, Da Vinci
48. *O cego e outros contos*, D.H. Lawrence

49. *Rashômon e outros contos*, Akutagawa
50. *História da anarquia (vol. 1)*, Max Nettlau
51. *Imitação de Cristo*, Tomás de Kempis
52. *O casamento do Céu e do Inferno*, Blake
53. *Cartas a favor da escravidão*, Alencar
54. *Utopia Brasil*, Darcy Ribeiro
55. *Flossie, a Vênus de quinze anos*, [Swinburne]
56. *Teleny, ou o reverso da medalha*, [Wilde et al.]
57. *A filosofia na era trágica dos gregos*, Nietzsche
58. *No coração das trevas*, Conrad
59. *Viagem sentimental*, Sterne
60. *Arcana Cœlestia e Apocalipsis revelata*, Swedenborg
61. *Saga dos Volsungos*, Anônimo do séc. XIII
62. *Um anarquista e outros contos*, Conrad
63. *A monadologia e outros textos*, Leibniz
64. *Cultura estética e liberdade*, Schiller
65. *A pele do lobo e outras peças*, Artur Azevedo
66. *Poesia basca: das origens à Guerra Civil*
67. *Poesia catalã: das origens à Guerra Civil*
68. *Poesia espanhola: das origens à Guerra Civil*
69. *Poesia galega: das origens à Guerra Civil*
70. *O chamado de Cthulhu e outros contos*, H.P. Lovecraft
71. *O pequeno Zacarias, chamado Cinábrio*, E.T.A. Hoffmann
72. *Tratados da terra e gente do Brasil*, Fernão Cardim
73. *Entre camponeses*, Malatesta
74. *O Rabi de Bacherach*, Heine
75. *Bom Crioulo*, Adolfo Caminha
76. *Um gato indiscreto e outros contos*, Saki
77. *Viagem em volta do meu quarto*, Xavier de Maistre
78. *Hawthorne e seus musgos*, Melville
79. *A metamorfose*, Kafka
80. *Ode ao Vento Oeste e outros poemas*, Shelley
81. *Oração aos moços*, Rui Barbosa
82. *Feitiço de amor e outros contos*, Ludwig Tieck
83. *O corno de si próprio e outros contos*, Sade
84. *Investigação sobre o entendimento humano*, Hume
85. *Sobre os sonhos e outros diálogos*, Borges — Osvaldo Ferrari
86. *Sobre a filosofia e outros diálogos*, Borges — Osvaldo Ferrari
87. *Sobre a amizade e outros diálogos*, Borges — Osvaldo Ferrari
88. *A voz dos botequins e outros poemas*, Verlaine
89. *Gente de Hemsö*, Strindberg
90. *Senhorita Júlia e outras peças*, Strindberg
91. *Correspondência*, Goethe — Schiller
92. *Índice das coisas mais notáveis*, Vieira
93. *Tratado descritivo do Brasil em 1587*, Gabriel Soares de Sousa
94. *Poemas da cabana montanhesa*, Saigyô
95. *Autobiografia de uma pulga*, [Stanislas de Rhodes]
96. *A volta do parafuso*, Henry James
97. *Ode sobre a melancolia e outros poemas*, Keats
98. *Teatro de êxtase*, Pessoa
99. *Carmilla — A vampira de Karnstein*, Sheridan Le Fanu

100. *Pensamento político de Maquiavel*, Fichte
101. *Inferno*, Strindberg
102. *Contos clássicos de vampiro*, Byron, Stoker e outros
103. *O primeiro Hamlet*, Shakespeare
104. *Noites egípcias e outros contos*, Púchkin
105. *A carteira de meu tio*, Macedo
106. *O desertor*, Silva Alvarenga
107. *Jerusalém*, Blake
108. *As bacantes*, Eurípides
109. *Emília Galotti*, Lessing
110. *Contos húngaros*, Kosztolányi, Karinthy, Csáth e Krúdy
111. *A sombra de Innsmouth*, H.P. Lovecraft
112. *Viagem aos Estados Unidos*, Tocqueville
113. *Émile e Sophie ou os solitários*, Rousseau
114. *Manifesto comunista*, Marx e Engels
115. *A fábrica de robôs*, Karel Tchápek
116. *Sobre a filosofia e seu método — Parerga e paralipomena (v. II, t. 1)*, Schopenhauer
117. *O novo Epicuro: as delícias do sexo*, Edward Sellon
118. *Revolução e liberdade: cartas de 1845 a 1875*, Bakunin
119. *Sobre a liberdade*, Mill
120. *A velha Izerguil e outros contos*, Górki
121. *Pequeno-burgueses*, Górki
122. *Um sussurro nas trevas*, H.P. Lovecraft
123. *Primeiro livro dos Amores*, Ovídio
124. *Educação e sociologia*, Durkheim
125. *Elixir do pajé — poemas de humor, sátira e escatologia*, Bernardo Guimarães
126. *A nostálgica e outros contos*, Papadiamántis
127. *Lisístrata*, Aristófanes
128. *A cruzada das crianças/ Vidas imaginárias*, Marcel Schwob
129. *O livro de Monelle*, Marcel Schwob
130. *A última folha e outros contos*, O. Henry
131. *Romanceiro cigano*, Lorca
132. *Sobre o riso e a loucura*, [Hipócrates]
133. *Hino a Afrodite e outros poemas*, Safo de Lesbos
134. *Anarquia pela educação*, Élisée Reclus
135. *Ernestine ou o nascimento do amor*, Stendhal
136. *A cor que caiu do espaço*, H.P. Lovecraft
137. *Odisseia*, Homero
138. *História da anarquia (vol. 2)*, Max Nettlau

Edição _	Jorge Sallum
Coedição _	Bruno Costa e Iuri Pereira
Capa e projeto gráfico _	Júlio Dui e Renan Costa Lima
Programação em LaTeX _	Marcelo Freitas
Revisão _	Oliver Tolle e Jacob Lebensztayn
Assistência editorial _	Bruno Domingos e Thiago Lins
Colofão _	Adverte-se aos curiosos que se imprimiu esta obra em nossas oficinas em 28 de novembro de 2011, em papel off-set 90 g/m², composta em tipologia Minion Pro, em GNU/Linux (Gentoo, Sabayon e Ubuntu), com os softwares livres LaTeX, DeTeX, vim, Evince, Pdftk, Aspell, svn e TRAC.